www.ingramcontent.com/pod-product-compliance
Lightning Source LLC
LaVergne TN
LVHW091201150826
845672LV00005B/1205

* 9 7 8 9 9 4 8 7 9 9 7 8 8 *

الشعر العربي من العمودية إلى العمود الومضة

محمد حسانين إمام حسانين

الشعر العربي من العمودية إلى العمود الومضة

«وجع مُسن» أنموذجاً

إصدارات دائرة الثقافة، حكومة الشارقة 2023 م

الناشر: دائرة الثقافة - حكومة الشارقة - الإمارات العربية المتحدة
الهاتف: 5123333 6 971+
البرّاق: 5123303 6 971+
الموقع الإليكتروني: www.sdc.gov.ae
البريد الإليكتروني: sdc@sdc.gov.ae

الطبعة الأولى 2023

811.009356
ض م . ش
الضلع، محمد حسانين إمام
الشعر العربي من العمودية إلى العمود الومضة «وجع مسن» أنموذجاً / محمد حسانين إمام الضلع
.- الشارقة، الإمارات العربية المتحدة : دائرة الثقافة، 2023.
216 ص؛ 21X14 سم.
البحث الفائز بالمركز الثاني بجائزة الشارقة للإبداع العربي في مجال النقد، الإصدار الأول، الدورة 26، 2022 – 2023.
1 – الشعر العربي – تاريخ ونقد
2 – التكنولوجيا في الشعر العربي
أ – العنوان
ب – جائزة الشارقة للإبداع العربي (26 : 2022 – 2023)
ISBN: 9789948799788

مقدمة

يعد الاهتمام بدراسات الأدب الرقمي التفاعلي من أهم ما يشغل أذهان المبدعين والنقاد في الساحتين العربية والعالمية؛ لما لها من جِدة جاءت مواكِبةً لتطور المعطيات المعلوماتية؛ إذ جاءت في ثوب تفاعلي وسائطي يغري المتلقي، فيتفاعل معه خلافاً للوسيط الشفاهي أو الطيني أو الورقي؛ خاصة مراحل تطور القصيدة العربية التي تواترت عبر العصور من القدم إلى الحداثة، فتشرّبت القصيدة، في كل عصر، بريشة المبدعين مستجدات كل عصر وتطوراته؛ فتطورت القصيدة العربية القديمة من عموديتها الخطية إلى أشكال متعددة، مروراً بأهم تغير للشعر العمودي التقليدي العربي وهو الموشحات، وختاماً بالشعر الرقمي التفاعلي في صورته النهائية المكتملة الخصائص، في أولى التجارب الشعرية الرقمية التفاعلية، للمبدع الشاعر د. مشتاق معن في مجموعته الشعرية الرقمية التفاعلية (تباريح رقمية لسيرة بعضها أزرق، 2007م)، بما يحويه هذا الشعر من وسائط متعددة وروابط تشعبية، ميزته عن خطيته وماديته، وغيرها من الخصائص التي اكتسبها الشعر الرقمي التفاعلي، ليس

على مستوى الشكل وحده، ولكن على مستوى البنية أيضاً؛ فظهرت قصيدة (العمود الومضة) التي اختلفت في عدد أبياتها عن القصائد؛ إذ لا تزيد قصيدة (العمود الومضة) على أبيات سبعة، إلى جانب خصائصها التكثيفية والإيحائية وغيرها، مما يجعلها مكتملة المباني والمعاني رغم قلة أبياتها.

1 - أهمية الدراسة:

إن الواقع كل يوم يتطور إلى الأمـام، فكان طبيعياً أن ينتبه الأدباء والنقاد إلى ذلك، من خلال مواكبة الدرس الأدبي لمتطلبات العصر، بدراسة أحدث النماذج الحداثية لأطوار النص الأدبي عامة، والشعري خاصة؛ فاتجهت جائزة الشارقة إلى ذلك من العام الفائت، بجعل الواقعية الافتراضية موضوعاً للدورة الخامسة والعشرين، فهذا يشجع النقاد والأدباء على إثراء المكتبة الرقمية التفاعلية بمزيد إنتاج وإبداع؛ مما يجذب الأنظار إلى الاهتمام بها والاطلاع عليها، ومن ثَمَّ، كمنت أهمية تلك الدراسة في الآتـي:

1 – الاطـلاع على مراحل تطور النص الأدبـي وإنتاجه عند الغرب والعرب في الأدب الرقمي عامة، وفي الشعر الرقمي التفاعلي خاصة.

2 – رصد العلاقة بين الأدب التقليدي (الورقي) والأدب الرقمي التفاعلي.

3 – إبراز القيمة الجمالية والفنية لتوظيف الوسائط المتعددة

والروابط المتشعبة التي أتاحها الوسيط الحاسوبي في إنتاج النص الرقمي التفاعلي.

4 – الاطلاع على أحدث التجارب الشعرية الرقمية التفاعلية، والمقارنة بينها.

5 – بيان المستجدات التقنية لمستقبل القصيدة الرقمية التفاعلية، وما يقابلها في تطور الوسيط الورقي التقليدي بوصوله إلى التكنوورقية.

6 – عدم وجود أي دراسات سابقة، منشورة أو مخطوطة، لعينة الدراسة (وجع مُسن) في صورتيها التكنوورقية والرقمية التفاعلية.

2 – منهج الدراسة:

سيعتمد الباحث (المنهج الفني) منهجاً رئيساً للكشف عن أهم السمات الفنية للإيقاع الموسيقي، واللغة الشعرية الرقمية التفاعلية، وطبيعة الصورة الشعرية الرقمية التفاعلية، إلى جانب بيان (المنهج الإحصائي) لرصد إحصائيات البحور الشعرية والتوقف عند الوسائط المتعددة والروابط المتشعبة، كل ذلك من خلال نماذج تطبيقية من مجموعة (وجع مُسن).

3 – الدراسات السابقة:

لقد تتبع الباحث بعناية ما كتب عن عينة قصائد الدراسة (مجموعة «وجع مُسن»)، فلم يجد أي دراسة سابقة منشورة أو مخطوطة عن تلك المجموعة بصورتيها التكنوورقية أو الرقمية التفاعلية، إلا أن

الباحث لن يعدم الإفادة من بعض الدراسات السابقة التي كتبت عن التجارب السابقة للمبدع حول مجموعتيه الرقميتين التفاعليتين: (تباريح، الجدار الناري).

4 - عينة الدراسة:

سيتخذ الباحث من إبداعات الشاعر الرائد د. مشتاق معن، مجموعة (وجع مُسن) بصورتيها التكنوورقية والرقمية التفاعلية عينة للدراسة، وقد جاءت في (21) قصيدة تكنوورقية، والمقابل لها في الواجهة الرقمية التفاعلية (21) قصيدة رقمية تفاعلية كذلك؛ فالمجموع (42) قصيدة في صورتيهما.

وفي هذه الدراسة، سيتوقف الباحث عند أهم الخصائص الفنية للإيقاعية الموسيقية الداخلية والخارجية، إلى جانب الكشف عن الخصائص الرقمية التفاعلية الحديثة ببيان الوسائط المتعددة والروابط المتشعبة على اختلاف أنواعهما، إلى جانب اللغة الشعرية الرقمية التفاعلية وبيان صورتها المجازية الرقمية التفاعلية، ووسائل تشكيلها في ضوء الصورة الحسية، التي جاءت في ثياب وسائطية، كلٌّ من خلال الواجهتين التكنوورقية والرقمية التفاعلية.

5 - خطة الدراسة:

سيرتكز حديث الباحث في بحثه من خلال تمهيد، يتبعه بابان اثنان: الأول التنظيري، والآخر التطبيقي، وذلك كما يلي:

فأما التمهيد: فيشتمل على مقدمة عامة، مع ذكر أهم مصطلحات الدراسة، ببيان المراد من (الرقمية، التفاعلية، الرقمية التفاعلية، العمود الومضة).

وأما الباب الأول – التنظيري: (مسيرة الأدب الرقمي من الشفاهية إلى الوسائط الرقمية التفاعلية للشعر العربي)، ويشتمل على فصلين: الفصل الأول – الوسيط الناقل من الشفهية إلى التكنوورقية، والثاني – مستقبل الشعر العربي الرقمي والتجارب الشعرية الرقمية التفاعلية.

وأخيراً، الباب الثاني – التطبيقي: (مستقبل القصيدة الرقمية التفاعلية للعمود الومضة «وجع مُسن أنموذجاً»): ويشتمل على فصلين: الأول – العمود الومضة بين الإيقاعية وشعرية اللغة في حضور الصورة الرقمية التفاعلية، والفصل الثاني – الروابط التشعبية والوسائط المتعددة للعمود الومضة (وجع مُسن)، ثم يختمه الباحث بأهم النتائج التي توصل إليها، فقائمة المصادر والمراجع، وأخيراً فهرس المحتوى.

6 – أهم مصطلحات الدراسة: (الرقمية، التفاعلية، العمود الومضة):

من أهم المصطلحات التي سيكون مدار الدراسة حولها، ما يلي:

أ – الرقمية:

في البداية هناك بعض المصطلحات السابقة على مصطلح

(الرقمية) ومنها مصطلح (الإلكتروني)؛ فلا يمكن أن نسمي النص الرقمي التفاعلي، بمصطلح (الإلكتروني)؛ لأن هناك فرقاً كبيراً بين الأدب الإلكتروني والأدب الرقمي؛ فالإلكتروني «يعبر عن الوسيط ذاته، وهو الجهاز الذي يعمل بنظام إلكتروني»[1].

وأما مصطلح (الرقمية) فهو «لفظة تستكمل الدلالة في لفظة (تفاعلي) للتعبير عن كون الحاسوب في حقيقة الأمر يستخدم نظام العد الثنائي (0، 1) في البرمجة وإبداع النصوص الرقمية؛ إذ تستحيل المدخلات الحسية في ضوء هذا النظام إلى أرقام يعاد بثها من خلال الشاشة على نفس هيئة الإدخال»[2]، وبهذا صار الوسيط الرقمي هو الذي يتاح فيه العلم الإبداعي على الشبكة العنكبوتية في أثناء الاتصال بالإنترنت.

ب – التفاعلية:

يعد المتلقي أحد الأعمدة البنائية لمصطلح الأدب الرقمي التفاعلي؛ فالمتلقي ركن ركين لازم، لا يمكن التخلي عنه؛ إذ إن «الأدب التفاعلي لا يعترف بالمبدع الوحيد النص، وهذا ما ترتب على جعله جميع المتلقين والمستخدمين للنص التفاعلي مشاركين فيه ومالكين لحق الإضافة والتعديل في النص الأصلي»[3]، وبذلك تصبح تفاعلية المتلقي مع النص الرقمي بؤرة التفاعلية للنص الرقمي التفاعلي؛ فلولا أن الأدب الرقمي أولى المتلقي اهتماماً، لما كان هناك تفاعلية؛ فالنص الرقمي لا يتاح إلا في العالم الافتراضي.

ولهذا، تميز النص التفاعلي عن غيره بميزات عدة، ومن أهمها

(تقنية الوسائط المتعددة والروابط المتشعبة...) التي خلا منها الأدب الورقي؛ فتلك الوسائط تضفي على النص الإبداعي سمات تفاعلية، تؤثر في المتلقي ويؤثر فيها؛ «فالبعد التفاعلي يتحقق بواسطة توظيف (النص المترابط Hypertext) ورديفته (الوسائط المترابطة Hypermedia) الذي يتيحه الحاسوب للمستعمل عن طريق (الترابط)»[(4)].

كما أن تنوع تلك الوسائط التفاعلية والروابط التشعبية تناسب المتلقين على اختلاف طبائعهم الشخصية؛ فهي تتنوع إلى وسائط سمعية أو بصرية أو حركية، إلى جانب أن تلك الروابط قد تحيل إلى نص سردي، أو وسيط سمعي، أو وسيط بصري، مع ما تضفيه الكلمة السردية في النص السردي التفاعلي؛ فالكلمة أساس النص، تتخللها تلك التقنيات التفاعلية، وبهذا يجمع النص التفاعلي بين الوسيط التقليدي (الكلمة السردية) والوسيط التقني الرقمي (الوسائط المتعددة والروابط المتشعبة...).

جـ - الرقمية التفاعلية:

النص الرقمي التفاعلي: نص يقدم من خلال جهاز الحاسوب، ويعتمد الصيغة الرقمية الثنائية (0، 1) في التعامل مع النصوص أيّاً كانت طبيعتها، كما أن نصوصه تُقدم إلكترونيّاً، بالاتصال بالشبكة، أو دون الاتصال بها، بالإضافة إلى الاستعانة بالصوت والصورة والوسائط المتعددة، ويشترط فيه الحضور التام للقارئ الفعال (المتلقي) المتفاعل.

فالنص التفاعلي إذا لم يتصل بالشبكة، لا يسمى (رقميّاً تفاعليّاً)؛ إذ لو كان الاتصال بالإنترنت غير متاح، فلن يستطيع المتلقي التنقل بين النصوص أو يفعل (ينشط) الروابط؛ إضافة إلى أن جمع مصطلح «الرقمي» مع مصطلح «التفاعلي»: (الرقمي التفاعلي)، يستلزم أن يكون الحاسوب متصلاً بالشبكة؛ لتتاح صفة الرقمية والتفاعلية في آن واحد.

د ـ مصطلح الدراسة (العمود الومضة):

من المعروف بداهة أن النقاد تكلموا عن ضوابط كون الشعر قصيدة أو مقطوعة، فما كان دون سبعة أبيات فهو (مقطوعة) وما كان فوق ذلك فهو (قصيدة)؛ «فكان أول من قصده مهلهل وامرؤ القيس»[5]، ولهذا ظهرت تجربة (العمود الومضة) على يد د. مشتاق، في نماذج عدة، تمثلت فيما يأتي:

- قصيدة العمود الومضة الورقية (وطن بطعم التفاح).

- القصيدة الرقمية التفاعلية (تباريح رقمية لسيرة بعضها أزرق، لا متناهيات الجدار الناري).

- عينة الدراسة: قصيدة (وجع مُسن) من العمود الومضة وما يقابلها في الوسيط الورقي باسم (وجع مُسن: قصائد تكنوورقية من العمود الومضة).

ورغم هذا، إلا أن تجربة د. مشتاق لم تكن هي الأولى في نشأة الشعر الرقمي التفاعلي؛ فقد سبقت بمحاولات عدة عبر الوسيط

الورقي، لكن لم تكتمل لتصل إلى حد اصطلاح (الرقمية التفاعلية)، هذه التجارب السابقة، تمثلت في «بعض الشعراء العرب المحدثين، وذلك محاولة منهم لإحداث ضروب من الحواريات النصوصية، وهناك غير اسم شعري خاض هذه التجربة عبر مجموعات شعرية كاملة، يمكن أن يشار منها مثلاً إلى الشاعر (علي الدميني) من السعودية في مجموعته الشعرية بعنوان (رياح المواقع 1987م) التي أبدى فيها جرأة لافتة في التجريب والإفادة من الأجناس الأدبية والفنية الأخرى، منتقلاً من (الاستعارة/ القصيدة) إلى ما أسميته بـ(الاستعارة/ الديوان)، وكذا فعل الشاعر (علاء عبد الهادي) من مصر، في مجموعته الشعرية (مهمل.. تستدلون عليه بظل 2007م) وقبل ذلك في مجموعتيه (الرغام: أوراد عاهرة تصطفيني 2000م) و(شجن 2004م)، إلا أن تلك التجارب إنما كانت تحاول ما تحاول على الورق»[6]، وبهذا تعد تجربة د. مشتاق هي الأولى ريادة وإبداعاً في حقل الشعر الرقمي التفاعلي.

- مسيرة القصيدة الشعرية من الجاهلية إلى العمود الومضة:

لقد تطور الشعر العربي عبر عصوره المختلفة من الوزن الخليلي للقصيدة العمودية، معتمدين القاعدة العروضية لاصطلاحات النقاد، أن الشعر «قول موزون مقفى يدل على معنى»[7]، فكانت أوزان الخليل هي أساس ارتجال أشعارهم، وبدخول العصر العباسي واختلاط العرب بالعجم وحركة الترجمة ونقل العلوم والمعارف دخلت بعض

المستجدات في الوزن والقافية، مما أحدث تطوراً للأوزان الشعرية؛ وذلك ليتحرروا من التقيد التقليدي العمودي عروضاً والضيق دلالة؛ إذ «حصْرها في هذا العدد يضيق عليهم مجال القول، فأحدثوا أوزاناً أخرى، منها ستة بحور عكس البحور، وهي (المستطيل، الممتد، المتئد، المتوفر، المنسرد، المطرد)»[8]، وهذه الأوزان المولدة من البحور الخليلية لم تكن هي السمة التجديدية الوحيدة، لكن تلتها أوزان أخرى؛ «فمنها ما يكون له وزن واحد وقافية واحدة، وهو (الكان وكان)، ومنها ما يكون له وزن واحد وأربع قواف، وهو (المواليا)، ومنها ما يكون له وزنان وثلاث قواف، وهو (القوما)، ومنها ما يكون له عدة أوزان وعدة قواف، وهو (الزجل)»[9]، وغيرها مما كان طفرة تجديد في الوزن خاصة.

ثم تلاها في العصر الحديث ظهور الشعر الحر، بالتحرر من الوزن والقافية، ثم جاءت قصيدة النثر، وختمها د. مشتاق بـ(العمود الومضة). ولكي تتضح السمات الرئيسة للعمود الومضة، والفرق بينها وبين القصيدة العمودية القديمة، وغيرها من المصطلحات المتشابهة معها، سيتوقف الباحث عندها، وذلك فيما يأتي:

1 – إشـكالية الاصطلاحات النقدية من القصيدة العمودية إلى العمود الومضة:

لا شك أن دخول أي علم في طور تجديدي يكسبه بعض مظاهر التجديد التي تواكب عصره، ولهذا فإن القصيدة العمودية التقليدية التي لم تكن تقل عن سبعة أبيات هي أساس الشعر العربي؛ «فمن

المعروف بداهة أن النقاد تكلموا عن ضوابط كون الشعر قصيدة أو مقطوعة، فما كان دون سبعة أبيات فهو (مقطوعة) وما كان فوق ذلك فهو (قصيدة)؛ وقد كانت ريادة تقصيد القصائد الطوال ميزة مدح بها النقاد أصحاب السبق إليها؛ فكان أول من قصده مهلهل وامرؤ القيس»[10]، وبهذا صارت السمة الرئيسة لعدد أبيات القصائد ألا تقل عن أبيات سبعة.

ولكن لم يظل ثابتاً على هذه الآلية؛ فطبيعة التقدم والتطور وعصر الرقمية فرض على الواقع الشعري أن يتوازى في سرعته مع طبيعة التكنولوجيا؛ فلم يعد نفس الشاعر أو قريحته قابلة لارتجال القصائد الطوال، فمالت الطبيعة البشرية إلى القصر ملاءمة لذلك التقدم؛ ليتناسب مع سرعة العصر ويواكبه، ولهذا سيتوقف الباحث عند أهم المصطلحات النقدية التي هي أساس عينة الدراسة، إنها قصيدة (العمود الومضة) الشعرية الرقمية التفاعلية، التي تتفق مع المقطوعة الشعرية من أوجه كثيرة وتختلف عن القصيدة القصيرة من أوجه أخرى، وسيتوقف الباحث عند أهم المصطلحات، كما يلي:

2 – المقطوعة الشعرية وفن التوقيعات تمهيد العمود الومضة:

لم تكن أشعار القدماء نمطاً واحداً في أعداد الأبيات طولاً أو قصراً، وإنما تنوعت بين الطول والقصر، فكانت القصائد الطوال إلى جوار المقطوعات القصيرة دون السبعة أبيات؛ فتواتر ورود المقطوعات في المصادر الأدبية على اختلاف أعدادها من السداسية، إلى الثنائية، فالبيت اليتيم؛ ولذلك فـ«الكمّ معيار معتمد في سلالة

القصيدة العمودية، فما قل عن سبعة أبيات كان مقطوعة على أوسط الأقوال، وما فاقها عدداً كان قصيدة»[11].

إضافة إلى النثر العربي القديم الذي عرف (فن التوقيعات في العصر العباسي)؛ وهو يتعلق بـ(العمود الومضة) من ناحية القصر والإيجاز والتكثيف...؛ ولذلك «يعد الشاعر (عز الدين المناصرة) أول من أطلق على القصيدة اسم (توقيعة) اشتقاقاً من فن التوقيعات في الأدب العربي القديم»[12]، وتعرف التوقيعة بأنها «ما يلحق بالكِتاب بعد الفراغ منه، ممن رفع إليه كالسلطان ونحوه من ولاة الأمر كما إذا رفعت إلى السلطان أو إلى الوالي شكاة فكتب تحت الكتاب أو على ظهره: ينظر في أمر هذا أو: يستوفى لهذا حقه، أو نحو ذلك»[13]، فالملاحظ أنها مختصرة موجزة عبرت عن المراد بأقل لفظ وأبلغ أسلوب بكلمات معدودة، فهي شبيهة المقطوعة الشعرية في ذلك، وكلتاهما (المقطوعة الشعرية والتوقيعة) مهاد تاريخي سابق على ظهور (العمود الومضة) التي شابهتهما في الخصائص العامة من قصر وإيجاز وتكثيف.

ومن ثم، يوجد تشابه بين (المقطوعة الشعرية) وقصيدة (العمود الومضة) من ناحية العدد؛ حيث إن «العمود الومضة قصيدة مكثفة تقلُّ أبياتها عن السبعة، قيمتها الإبداعية قيمة القصيدة المكتملة»[14]، وبذلك تصبح (المقطوعة الشعرية) و(قصيدة العمود الومضة) يقلان عن سبعة أبيات من ناحية العدد.

ورغم هذا التشابه بين المقطوعة والعمود الومضة، فإن قصيدة

(العمود الومضة) تتميز عنها ببعض الخصائص؛ فقصيدة العمود الومضة «نص شعري، تتوزع شعريته جهات ست (العمودية) و(المحدودية) و(الاستغراقية) و(التكاملية) و(الإيماضية) و(التكثيفية)؛ ففي جهة (العمودية) يمتثل النص – شفاهيّاً – لاشتراطات العروض الخليلي على مستوى الإيقاع الخارجي ومرافقة القافوي فحسب»[15]، وسيتوقف الباحث من خلال عينة الدراسة مع (قصيدة العمود الومضة: وجع مُسن) أنموذجاً، ليكشف عن تلك الخصائص الفنية من خلال القصائد الرقمية التفاعلية للعمود الومضة.

الهوامش:

1 – الزنزانة رقم 06 (الجزء التنظيري): د. حمزة قريرة، دار عناوين BOOKS، حضرموت، الطبعة الأولى، 2021م، ص147 – 148.

2 – الأدب التفاعلي الرقمي «الولادة وتغير الوسيط»: د. إياد إبراهيم فليح الباوي، د. حافظ محمد عباس الشمري، مركز الكتاب الأكاديمي، 2013م، ص50.

3 – مدخل إلى الأدب التفاعلي: د. فاطمة البريكي، المركز الثقافي العربي، الدار البيضاء – المغرب، الطبعة الأولى، 2006م، ص50 – 53.

4 – من النص إلى النص المترابط: د. سعيد يقطين، المركز الثقافي العربي، الدار البيضاء – المغرب، الطبعة الأولى، 2005م، ص59 – 60.

5 – العمدة في محاسن الشعر وآدابه: أبو علي الحسن بن رشيق القيرواني (ت 463هـ)، حققه: محمد محيي الدين عبد الحميد، دار الجيل، الطبعة الخامسة، 1401هـ – 1981م، 1/ 189.

6 – شعر التفعيلات وقضايا أخرى «دراسة في خطاب مشتاق عباس معن الشعري»: ص116 – 117.

7 – نقد الشعر: قدامة بن جعفر بن قدامة بن زياد البغدادي، أبو الفرج (ت 337هـ)، مطبعة الجوائب – قسطنطينية، الطبعة الأولى، 1302هـ، ص3.

8 – المرشد الوافي في العروض والقوافي: د. محمد حسن عثمان، دار الكتب العلمية – بيروت – لبنان، الطبعة الأولى، 1425هـ – 2004م، ص186 – 187.

9 – المقتطف من أزاهر الطرف: أبو الحسن علي ابن سعيد المغربي الأندلسي (ت 685هـ)، شركة أمل، القاهرة، 1425هـ – 2004م، ص19.

10 – العمدة في محاسن الشعر وآدابه: أبو علي الحسن بن رشيق القيرواني (ت 463هـ)،

حققه: محمد محيي الدين عبد الحميد، دار الجيل، الطبعة الخامسة، 1401هـ – 1981م، 1/ 189.

11 – شعر التفعيلات وقضايا أخرى «دراسة في خطاب مشتاق عباس معن الشعري»: ص129.

12 – قصيدة الومضة والنوع المفارق «دراسة في البناء الضدي»: ص19.

13 – زهر الأكم في الأمثال والحكم: المؤلف الحسن بن مسعود نور الدين اليوسي (ت 1102هـ) حققه: د. محمد حجي، د. محمد الأخضر، الشركة الجديدة – دار الثقافة، الدار البيضاء – المغرب، الطبعة الأولى، 1401هـ – 1981م، 2/ 220.

14 – شعر التفعيلات وقضايا أخرى «دراسة في خطاب مشتاق عباس معن الشعري»: ص130.

15 – مهوى التفاحة «مقاربة مشروع مشتاق عباس معن في العمود الومضة»: د. عباس رشيد الدده، دار الفراهيدي للنشر والتوزيع، بغداد، الطبعة الأولى، 2015م، ص52.

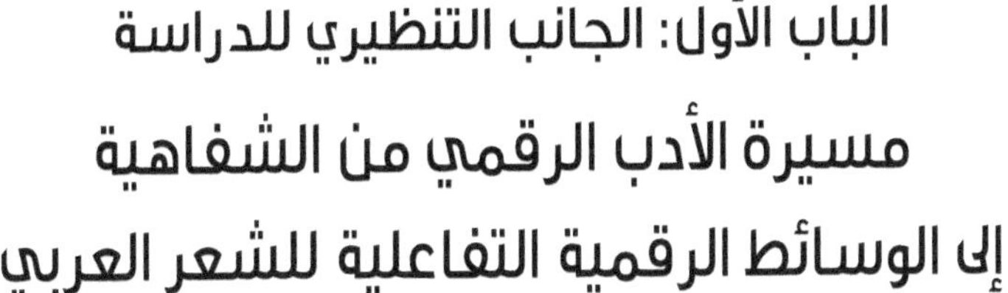

الباب الأول: الجانب التنظيري للدراسة

مسيرة الأدب الرقمي من الشفاهية إلى الوسائط الرقمية التفاعلية للشعر العربي

الفصل الأول:

الوسيط الناقل من الشفهية إلى التكنوورقية

المبحث الأول:

المسيرة الزمنية للنص الأدبي من الشفاهية إلى الرقمية التفاعلية

لم يولد الأدب الرقمي بمعزل عمّا سبقه من عصور أدبية؛ وإنما كان امتداداً لطريقة كتابته ووسيط نقله، حتى استقر الأدب على المرحلة الرقمية التفاعلية، ولهذا سيتوقف الباحث عند هاتين المرحلتين (الكتابة، الوسيط)؛ ليتصل الماضي بالحاضر، فتكتمل الرؤية؛ فممّا لا شك فيه أن النص الأدبي لم يكن على صورته الحالية للكتابة الرقمية، وإنما مر عبر وسائط أخرى من قديم الزمان، ولكل مستوى وسيطي سمات تميزه عن غيره، ومن ثَمَّ، مر النص الأدبي بمراحل سبع في طريقة نقله إلينا، وهي كالآتي:

أولاً: الوسيط الكتابي الطيني:

يعد هذا الوسيط أقدم وسيط كتابي استعمله القدماء في الكتابة؛ «فالتراب هو الفضاء الأول لتناسل الزمان والمكان، ومثلما حمل

التراب أسرار الروح، كان حريّاً به أن يحمل أسرار الحرف، ولا غرابة – وهذه الحال – فكانت جدران الكهوف هي الملاذ الأول للمدونات، حتى إذا اعتاد الإنسان الخروج كانت الرقم الطينية، وقد كانت الأشكال الأساسية للكتابة في العالم القديم شكلين: الشكل المسماري والشكل الصوري، بمدونات الكتابة القديمة بأنواعها المختلفة وأشكالها المتعددة، وعليه يمكن القول إن الوسيط الأول الذي احتضن المشاهد التفاعلية الأولى التي تتفاعل فيها الإشارات السمعية والبصرية، وليتحقق التجسيد الذهني، ليكون عيناً بعد أن كان أثراً، وليكون مكاناً بعد أن كان زماناً»[1]، وبهذا كان الوسيط الكتابي (الطيني) هو أول ما عرفته البشرية في تاريخها، فكانت تعبر بالكتابة الطينية عن آدابها وكل ما يخصها.

ثانياً: المرحلة الشفاهية (الرواية):

لقد كانت (الشفاهية) وسيلة تواصل وتحاور بين الأمم والشعوب، أفراداً وجماعات، كما عدت وقتها وسيلة لنقل النصوص على اختلاف أنواعها من جيل إلى جيل؛ فقد بقي «الأسلوب الشفاهي يمثل البعد الأول للتواصل من لسان إلى أذن، في تداول الأخبار وتناقلها؛ حيث يظهر لنا فيه البعد الخطي في توصيل الخبر على مستوى الخطاب (الشفوي) والبعد الأحادي من فرد إلى آخر، ولقد مر هذا الأسلوب بمراحل عدة، وبقي الأسلوب الأساس لتبادل الأخبار والمعلومات كيفما كان نوعها، ويعتبر أقدم أداة للتواصل قبل ظهور الكتابة التي نجدها تتضمن بعدين اثنين»[2]، فرويت الأشعار عن طريق (الرواة) فتناقلوها

عبر السماع والحفظ؛ ولذلك «اعتمد الشعر على المشافهة والسماع، وما سهل ذلك هو الإيقاع الموسيقي القائم على الوزن والقافية، ليشكل جرساً موسيقيّاً رناناً، سهل على المبدع حفظ الشعر ونقله»[3]، فصار العربي يتغنى بالشعر ليل نهار في حله وترحاله وسوقه و... عبر وسيلة (الرواية الشفاهية)، وقد ساعد على انتشار تلك الوسيلة ظهور الأسواق الأدبية أمثال عكاظ وذي المجاز التي ارتجل الجاهليون فيها أشعارهم، فيتحملها عنهم الرواة، ليرويها جيل إلى جيل.

ثالثاً: مرحلة التدوين (الكتابة):

يعد التدوين وسيلة مهمة لحفظ التراث وصيانته عن الضياع أو النسيان؛ ففي العصر العباسي (عصر التدوين والتأليف والترجمة) اهتم متخصصو كل فن بتقييد فنهم، وترجع أهمية ذلك الأسلوب الكتابي إلى أنه «أثر مادي محسوس ملموس، صار أداة للتواصل، فهي تبعث بالبريد أو الطائر الزاجل»[4]، وقد ظهرت قيمة الكتابة على مستوى النص الأدبي الشعري، بما ألف من كتب كثيرة للقدماء لحفظ التراث الشعري، فدُونت أشعار الجاهلية وأيام العرب وغيرها، كما رتبوا الشعراء حسب فحولتهم الشعرية، وظهرت مؤلفات عدة تعنى بهذا الجانب، إلا أنها كانت مخطوطة، لا يستطيع الناس تداولها إلا رواية أو رجوعاً إلى أصل مخطوطها، مما قلل جماهير المتلقين وقتها من المطالعة.

رابعاً: الآلة الكاتبة والوسيط الورقي (المطبوع):

مع التقدم التكنولوجي وظهور الوسائل الحديثة لنقل العلوم،

فقد استعاض المتلقي عن مرحلة التدوين بمواكبة الأجهزة الكتابية الحديثة؛ حيث «تطورت الكتابة، ثم ظهرت الآلة الكاتبة والطابعة في العصر الحديث، فأنتج الوسيط الورقي»[5]، وقد تميز هذا الوسيط بميزات لم تتوافر في مرحلة التدوين، فصار الكتاب متاحاً لجمهور أكثر من الوسيط التدويني (المخطوطات) في أي مكان، قابل للتداول والاستعارة والبيع والشراء، مما لم يكن قبل ذلك في مرحلة التدوين.

هذا إلى جانب الخصائص التي منحها الوسيط الكتابي؛ «فمع الكتاب المطبوع تم تطوير الخطوط بواسطة التجهيزات التي عرفت تطورات هائلة على المستوى التكنولوجي، ويبدو ذلك في طبع الجرائد والدوريات والقواميس والموسوعات، فاستعمال الألوان ومختلف الأشكال المميزة للنصوص أسهم في جعل تطوير الكتاب المطبوع تطويراً جليّاً، إضافة إلى توظيف المناصات الفوقية والتحتية من هوامش وفهارس ودور نشر...»[6]، وبهذا أسهم كل هذا في خدمة تداول الدواوين الشعرية وطباعتها، فصار الحصول على أي عمل إبداعي مكتوب سهلاً، بعدما كانت الكتب حبيسة المخطوطات في مرحلة التدوين، وانتشرت التحقيقات والشروح لدواوين الأدب ومصادره وشروحه بصورة أكثر، مما أسهم في توسعة دائرة المتلقين للشعر في أي مكان.

خامساً: المرحلة الإلكترونية (الوسيط الحاسوبي):

لقد تليت مرحلة التدوين بـ(مرحلة الحوسبة) التي وفرت جهداً ووقتاً لكل من المبدع والمتلقي، ويسرت وسائل الصيانة والحفظ

للإبداع نفسه؛ فهذه طبيعة تطور العصور؛ لقد ظهر الوسيط الإلكتروني للنص الأدبي، حينما ظهر «أول جهاز حاسوب عام 1946م، وبعد ثلاث سنوات أو خمس تم استخدامه لأول مرة في إنجاز تحليل نصي»[7]، هذا إلى جانب وجود النص الورقي للنص الأدبي، فلم يندثر وجود الوسيط الورقي للنص الأدبي، وإنما كانا جنباً إلى جنب؛ فكل له سماته ومتلقوه، فاستقر الأمر في هذه المرحلة على تلقي النصوص الأدبية وغيرها عبر ما يعرف بـ (pdf)، فلا يمكن للمتلقي أن يضيف أو يحذف من المكتوب شيئاً.

سادساً: مرحلة الرقمية التفاعلية:

تعد مرحلة الرقمية هي المحطة الأخيرة لتطور نقل النصوص الأدبية؛ حيث صار الوسيط الرقمي التفاعلي هو الوسيط الناقل للعمل الإبداعي؛ إذ «آل الأمر في التسعينيات إلى ظهور شبكة الإنترنت، باتصاله بالحاسوب، فاستقر الأمر عند (النص الرقمي التفاعلي)»[8]، عن طريق باستخدام الوسيط الحاسوبي، متصلاً بالإنترنت، ليصير الأدب الرقمي التفاعلي هو أحدث وسيط للاطلاع على إنتاج الأدب في وقتنا الحاضر.

ورغم هذا التطور الذي وصل إليه الوسيط الأدبي، فلا يمكن إهمال الوسيط الورقي والتقليل من شأنه؛ «في المرحلة الرقمية؛ فلا يمكن أن نلغي الوسيط الورقي؛ لكوننا نعد الكتابة الورقية دعامة أساسية لهذا الأدب الجديد، الذي يأتي في حلة لم يتعود عليها القارئ»[9]، ولذلك فإن الأمر يحتاج إلى تمهل في مطالعة النصوص الرقمية التفاعلية؛

فالتجربة جديدة تحتاج إلى وقت للانتشار والاستيعاب خاصة فن التعامل المناسب مع طبيعة وسائطها وتقنياتها.

سابعاً: الوسيط التكنوورقي:

لقد أفاد المبدعون الرقميون عامة، والشعراء خاصة بالإفادة من تجربة الشعر الرقمي التفاعلي، وذلك بتضمين النص الورقي بعض المعطيات الحديثة للتكنولوجيا، ومن ذلك ما فعله د. مشتاق معن في تجربته (عينة الدراسة: وجع مُسن) في نسختها الورقية؛ فقد ضمنها (شفرة) لا يمكن فكّها إلا ببرنامج تكنولوجي المعروف بـ(قارئ الأكواد)؛ ولذلك لم يسمِّ د. مشتاق تجربته الورقية بـ(الورقية) وإنما أسماها (التكنوورقية) نظراً لتوظيفه تلك الشفرات، وكشفها عن الوصول إلى الواجهة الرقمية التفاعلية للقصائد المقابلة؛ ومن ثَمَّ، تكمن قيمة هذه (الشفرة) في كونها محطة وصول إلى النسخة الرقمية التفاعلية؛ فمن خلالها يبحر المتلقي إلى القصائد الرقمية التفاعلية المقابلة لأي قصيدة؛ فكل قصيدة تكنوورقية تقابلها قصيدة رقمية تفاعلية، بخلاف المتلقي الذي يبحر من موقع الشاعر نفسه؛ فسيتنقل لكن بعيداً عن قصائد التكنوورقية، ولا يستطيع فهم الفكرة مثلما يبحر غيره من التكنوورقية.

ومما سبق يمكن توثيق تلك المراحل السابقة من خلال جدول تطور الوسيط الناقل للقصيدة العربية من الجاهلية حتى العمود الومضة[10]:

الجنس	نسبة الشفاهية	نسبة الكتابية	النسبة الراجحة
القصيدة الموروثة	أكثر	صفر	شفاهية
قصيدة الشعر: النموذج الشعري	أكثر	أقل	شفاهية
قصيدة الشعر: النموذج النثري	أقل	أكثر	كتابية
العمود الومضة	أقل	أكثر	كتابية
الشعر الجديد	صفر	أكثر	كتابية

المبحث الثاني:

الأجناس الأدبية الرقمية التفاعلية

لم يتفق النقاد على مسمى اصطلاحي واحد للأدب التفاعلي، وإنما تعددت المصطلحات تبعاً لاختلاف الوسائط المستخدمة في نقله للقارئ/ المتلقي، أو اختلاف جنسية المترجمين، حتى وصل عدد المصطلحات إلى سبعة عشر مصطلحاً، عند العرب، وعشرين ترجمة عن الغرب، وهذه المصلحات هي: «الأدب الرقمي، والأدب التفاعلي، والنص السبيرنطيقي، وأدب الصورة، أو الأدب الديجيتالي، والأدب الإلكتروني، والنص المترابط، والأدب الآلي، والأدب الروبوتي، والأدب المبرمج، والأدب الحاسوبي، والأدب اللوغاريتمي، والأدب الإعلامي، والأدب الويبي، والكتابة الإنترنتية والكتابة الفيسبوكية وأدب الشاشة»[11]، ولذلك فإن الأدب بكل أجناسه دخل تلك الطفرة الرقمية التفاعلية من شعر ورواية ومسرح وقصة ومقال، وسيتوقف الباحث عند هذه الأجناس، فيما يأتي:

أولاً: الشعر التفاعلي[12]:

لقد سبق ظهور الشعر الرقمي التفاعلي الغربي ظهوره عند

العرب؛ فقد كان (كاندل) رائد الشعر الرقمي التفاعلي الغربي في بداية التسعينيات؛ إذ يقول عن نفسه: «في العام 1990م، عندما شرعتُ في كتابة القصيدة الإلكترونية، لم أكن أعرف أي شخص يمارس الكتابة الإبداعية على الشبكة، ولا كان للشعر الإلكتروني تسمية اصطلاحية في حينها أفضل من اسم (هايبرتكست) التي عرفت بها نصوصي في ذلك الوقت»[13]، وبهذا «يعد (كاندل) رائد القصيدة التفاعلية بلا منازع؛ إذ لم يسبقه أحد إلى كتابة هذا الجنس الأدبي الإلكتروني»[14]، فقد كانت أول قصيدة رقمية تفاعلية تلك القصيدة «المسماة (faith اليقين) فيستطيع القارئ لها متابعة التلون المشهدي بين مؤشر الحركة وتقنية الموسيقى وتمايل الكلمات حتى الثمالة»[15]. هذا إلى جانب وجود بعض الشعراء الآخرين الذين كتبوا في الشعر الرقمي التفاعلي في وقت تال لـ(كاندل) «ومن أبرزهم (جيم روزينبرغ jim Rosenberg) الذي كتب قصيدة تفاعلية بعنوان (inter grams) مستخدماً برنامج (البطاقة المترابطة Hypercard)، وكذلك الشاعر (بروست سميث Bruse smith) صاحب قصيدة (Afterbody) وهي عمل مشترك بين رسام وشاعر، صممت على برنامج (Flash)»[16].

هذا النمط الرقمي التفاعلي للقصيدة، يعد نقلة جديدة في تاريخ الأدب على مر العصور؛ فقد اختزل عصوراً وأحدث إبداعاً تقنياً في أثناء تلقي القصيدة؛ «فالوسائط المتفاعلة تختزل كل الحقب الشعرية التي قطعها الشعر من اللحظة الشفاهية إلى الكتابية، وما صاحب كل مرحلة من إمكانيات؛ ففي الوسائط التفاعلية يمكننا الزواج بين الشفاهي (الإنشاد) والكتابي (التشكيل البصري) وكل ما يتصل بهما من إمكانيات صوتية وموسيقية وصورية، كما أن التعامل مع

الفضاء الشبكي يساعد على التلقي بغض النظر عن مكان الشاعر أو المستعمل»[17].

ولم يتوقف الشعر الرقمي التفاعلي عند حد (القصيدة الرقمية التفاعلية)، وإنما ظهر نوع جديد، وهو (قصيدة الومضة)؛ التي «تعد شكلاً من الأشكال التي أتاحها تزاوج الشعر بالتكنولوجيا، وهي عبارة عن نمط شعري إلكتروني، تطور عن الجنس الأدبي الإلكتروني (الشعر التفاعلي)»[18]، كما أن تلك القصيدة (الومضة) «تعتمد كليّة على برنامج العروض التفاعلية (Macromedia Flash) وتنضم تلك القصيدة إلى سلالة القصيدة الرقمية في مرحلة متقدمة تتداخل فيها الكلمة بالصورة والموسيقى؛ لتشكل مجتمعة بديلاً شعريّاً بصريّاً هو الأجرأ في تاريخ تدوين الشعر منذ بدأ الكتابة»[19].

وأما الشعر الرقمي التفاعلي العربي، فترى د. فاطمة البريكي وقت تأليفها لكتابها (مدخل إلى الأدب الرقمي)، أن «نمط الشعر التفاعلي لا يبدو أنه موجود فعليّاً، ومصطلح (الشعر البصري) مستخدم، لكن بدلالة تختلف عن الرقمية التفاعلية، فهو أقرب إلى مصطلح (الشعر الهندسي) فقد كانت بداياته في شكل (الشعر الهندسي)»[20]، ذلك النمط الذي يتميز بخصائص تختلف عن الشعر في العصور السالفة لتلك القصيدة الهندسية، ومنها «نمط من الشعر يكتب على شكل من الأشكال الهندسية المعروفة (الدائرة، المربع، المثلث...) وتنظم فيه الكلمات على نحو يتناسب مع الشكل الهندسي المختار، ويمكن لهذا الشكل أن يكون بسيطاً أو يكون مركباً»[21]، وبعد تأليف د. فاطمة لكتابها الذي انتهت فيه إلى عدم وجود تجربة حقيقية للشعر الرقمي

التفاعلي العربي، وتوقف نمط القصيدة عند الشعر الهندسي، فقد ظهر نمط تفاعلي رقمي جديد بعد ظهور (كتابها: مدخل إلى الأدب الرقمي) على يد رائده الأول في الوطن العربي، إنه الشاعر العراقي د. مشتاق عباس معن، صاحب أول تجربة حقيقية للشعر الرقمي التفاعلي من شعر قصيدة (العمود الومضة) منذ التسعينيات حتى وقتنا الحالي.

ثانياً: الرواية الرقمية التفاعلية:

1 - تاريخ ظهور رواية الواقعية الافتراضية الرقمية التفاعلية:

لقد ظهرت أولى الروايات الرقمية التفاعلية العربية على يد رائدها الأول (د. محمد سناجلة) عام 2001م، مستفيداً من الثورة المعلوماتية؛ حيث «وظف التقنيات عبر روايته الإلكترونية أو الرقمية (ظلال الواحد 2001م) مستخدماً التقنيات الرقمية التفاعلية، كأول أديب عربي، وربما قبل أن يفكر أدباء الغرب في هذا»[22]، هذا إلى جانب رواية أخرى أصدرها سناجلة بعد هذا العام؛ وبهذا بدأ ظهور الأدب التفاعلي الرقمي للجنس الروائي العربي على يده عام 2001م، وتبعه روائيون آخرون لروايات تفاعلية ذات أنماط مختلفة.

لم تكن رواية (ظلال الواحد) هي الوحيدة لروائيها (سناجلة)، وإنما أتبعها بروايات عدة، وهي: (شات 2005م)، (صقيع 2006م)، (ظلال العاشق/ التاريخ السري لكموش 2016م)، (تحفة النظارة في عجائب الإمارة/ رحلة ابن بطوطة إلى دبي المحروسة 2016م)، كما ظهرت روايات رقمية تفاعلية أخرى، على يد الروائي الجزائري (د.

حمزة قريرة)، والمسماة بـ(الزنزانة رقم 06)[23]، وقد بدأ في كتابتها عام 2018م، هذا إلى جانب روايته الثانية الرقمية التفاعلية، المسماة (باص الجامعة)[24] التي بث شذراتها عام 2020م.

2 – الرواية الرقمية التفاعلية:

رغم رواية ما قبل الإنترنت قد وظفت بعض التقنيات الواقعية الافتراضية بوسيطها الورقي، خاصة مصطلحات التكنولوجيا الحديثة، وبعض التطبيقات الحاسوبية (شات)، وغيره مع الشخصيات، لكن بعد ظهور الرواية الرقمية الافتراضية انتقلت تلك الافتراضية الورقية إلى الواقعية الافتراضية الرقمية التفاعلية، عبر الوسيط الحاسوبي متصل بالإنترنت، إلى جانب توظيف الوسائط المتعددة والروابط المتشعبة التي افتقدتها الرواية الورقية الافتراضية، مع إعطاء المتلقي أهمية بالمشاركة للمبدع بالتأليف أو الاقتراح أو الإضافة، فصار المتلقي مبدعاً مشاركاً للمبدع الأصلي، ولذلك تعددت أنماط الرواية الرقمية التفاعلية، وهي كالآتي:

أ – نمط الرواية الرقمية التفاعلية:

أول النماذج الروائية الرقمية التفاعلية يرجع إلى الرائد الأول لهذا النمط، وهو (د. محمد سناجلة)، وذلك وقت ظهور أول رواية رقمية تفاعلية له: (ظلال الواحد 2001م)، ثم تليها بمجموعة أخرى، وهي: (شات 2005م)، (صقيع 2006م)، (ظلال العاشق/ التاريخ السري لكموش 2016م) (تحفة النظارة في عجائب الإمارة/ رحلة ابن بطوطة

إلى دبي المحروسة 2016م)، وهي آخر رواية رقمية تفاعلية أبدعها حتى الآن.

ب ـ نمط الرواية الرقمية التفاعلية الفيسبوكية:

على يد الروائي المغربي (أ. عبد الواحد إستيتو) الذي صدر له روايات تفاعلية عدة، وقد طبعها ورقيّاً أيضاً، وقد اتخذت الروايات الرقمية التفاعلية الفيسبوكية نمطين من ناحية إبداعها:

ـ **إبداع فردي للإبداع الأصلي:** لا يشاركه مبدع أصلي آخر (روائي)، وأول هذه الروايات الفيسبوكية للروائي (إستيتو) ظهوراً وصدارة رواية (على بعد مليمتر واحد/ زهرليزا)[25] التي نشر آخر فصل تفاعلي لها عام 2013م، وهي بذلك تعد أول رواية فيسبوكية عربية؛ فلم يسبق أن سبقه أحد بالكتابة عبر الوسيط الافتراضي الفيسبوكي، كما صدرت له الرواية الفيسبوكية الثانية المسماة: (المتشرد) التي نشر آخر فصل منها عام 2015م[26]، وكذلك الرواية الفيسبوكية الموسومة بـ(الديبة) التي انتهى منها المبدع عام 2020م[27].

ـ **إبداع مشترك في الإبداع الأصلي:** في هذا النمط يبدع العمل الأصلي أكثر من واحد، ومن تلك النماذج للرواية الرقمية التفاعلية الفيسبوكية المشتركة، رواية (في حضرتهم 2020م)[28] للمبدع المغربي (إستيتو) مشاركة مع الروائية السودانية (آن الصافي)، وهي أول رواية فيسبوكية عربية مشتركة، وبذلك يعد الروائي المغربي (أ. عبدالواحد إستيتو) رائد الرواية الفيسبوكية الفردية والمشتركة في العالم العربي حتى الآن.

جـ – رواية (تويترية تليجرامية) الرقمية التفاعلية:

ومن تلك النماذج العربية، رواية (دوشيش 2020م) للروائي السعودي (طارق الدغيم)[29]، ولم ينهها بعد؛ فكل فترة زمنية يكتب منها جزءاً (فصلاً) ولا زال في الفصل السابع منها، عبر حسابه على تويتر، وكذلك قناته على (التليجرام).

ثالثاً: المسرح الرقمي التفاعلي:

لم يعرف المسرح التفاعلي عند الغرب أو العرب بتقنياته الرقمية التفاعلية إلا في الثمانينيات عند الغرب وحدهم؛ إذ «يعد (تشارلز Charles Deemer) رائد (المسرح التفاعلي) في الأدب الغربي بلا منازع، فقد ألف أول مسرحية تفاعلية عام 1985م، باستخدام برنامج (Iris) الذي اعتبره (ديمر) بمثابة (النص المتفرع)، وتعد مسرحية (Chateau de mort) أول (مسرحية تفاعلية) عرفها المسرح العالمي المعاصر، قدمها (ديمر) في وقت مبكر من ثمانينيات القرن الماضي، وكذلك مسرحية (النورس البحري Seagull) للكاتب الروسي (تشيكوف Chekhov) في القرن التاسع عشر، والتي قام (ديمر) بتحويلها إلى (مسرحية تفاعلية) متوفرة على الشبكة»[30].

وأما العرب، فلم يعرفوا المسرح التفاعلي إلا في بدايات الألفية الثانية؛ فقد ظهرت أول محاولة لمسرحية رقمية تفاعلية على يد (د. محمد حسين حبيب العراقي) وأصدقائه بعنوان (مقهى بغداد)؛ «فلم تكن المسرحية على إطارها الشكلي المألوف من خشبة مسرح وجمهور، بل كانت مقهى في بلجيكا وأخرى في بغداد وعدد من

الأجهزة (كمبيوتر، أجهزة إضاءة، ساحة المقهى هنا وهناك)، ثم فريق هنا للمشاركة والمتابعة، وفريق هناك كذلك، قدمت المسرحية بالفعل في (20 آذار 2006م) وقد أتاحت عدداً من الخصائص، وهي: توفير مناخ المشهدية الواقعية في العمل، سواء بإجراء مشاهد رقص وغناء، كما وظفت (الإضاءة) لتحقيق ما يرجوه المخرج (رؤيته)، إضافة إلى محاولتها إتاحة الفرصة لتوظيف (مكان) التلقي في تجسيد فكرة المسرحية (أو الديكور)، وكذلك مزجت بين الآلية (جهاز/ أجهزة الحاسوب) والعنصر البشري (الممثل والممثلون)»[31].

ومن هذا تظهر سمات المسرحية التفاعلية، فتعرف بأنها «نمط جديد من الكتابة الأدبية، يتجاوز فيها الفهم التقليدي لفعل الإبداع الأدبي الذي يتمحور حول المبدع الواحد؛ إذ يشترك في تقديمه عدة كتاب، كما قد يدعى المتلقي أيضاً للمشاركة فيه، وهو مثال للعمل الجماعي المنتج، الذي يتخطى حدود الفردية وينفتح على آفاق الجماعية الرحبة»[32]، وقد ظهرت أيضاً بذور مسرحية عربية في العقد الثاني للألفية الثانية، على يد (د. حمزة قريرة) على مدونته (الفن والأدب التفاعلي) لمسرحيته الرقمية التفاعلية المسماة (بلا نظارات الحياة أفضل)[33]، وهذا كله ينبئ بانتشار المسرح التفاعلي؛ فالمتلقون ينتظرون مزيداً من المسرحيات التفاعلية، وإن طال الانتظار.

رابعاً: المقال التفاعلي:

اعتاد القراء أن يطالعوا مقالات ورقية أو إلكترونية لا تتجاوز قدر صورة ثابتة لا تحرك ساكناً بوسيطها؛ ورغم هذا، لم ينقطع المتلقون

عن متابعة أي نوع منهما؛ وترجع أهمية المقال التفاعلي الذي «يعد جنس المقالة الأدبية من الأجناس المحببة إلى المتلقي لأسباب كثيرة؛ ربما أهمها نتيجة التفاعل النفسي معها؛ لسهولتها وموضوع تناولها الذي غالباً ما يهتم بالهموم المباشرة للفرد العادي»[(34)]، ومع تطور تكنولوجيا المعلومات ودخول عصر العولمة والإنترنت، «ومع رواج التقنية الرقمية بعد عشرات السنين من المرحلة الورقية، زاد المتلقي تفاعلاً، وترتبط فكرة المقالة الرقمية بالنشر الإلكتروني، كما ظهرت المقالة التفاعلية بشكل جديد كليّاً منذ سنوات، وذلك من خلال تحويل البرامج التي تبثها القنوات الفضائية المختلفة إلى نصوص مكتوبة، ليقرأها القراء الذين لم يتمكنوا من متابعة البرنامج عند بثّه على الفضائية، وليتمكنوا من التعليق والمداخلة كتابيّاً، وتوظف المقالة التفاعلية النص (الكلمة) والصوت والصورة والجداول والرسوم الكاريكاتورية وتقنيات التجسيم، والأهم من كل هذا هو إمكانية استخدام تقنية النص المتفرع (Hypertext) في المقالة التفاعلية، وربطها بعدة مقالات أخرى أو بمواقع مختلفة أو وضع إحالات وهوامش ومرجعيات تعود إلى نصوص أخرى من خلال الرابط فقط، وهذا غير متحقق في المقالة الورقية التقليدية»[(35)]، وهذا شائع في وقتنا الحالي بالمقالات الرقمية التفاعلية على اختلاف أنواعها؛ فلم تعد المقالة الأدبية تتسم بالرقمية التفاعلية وحدها.

خامساً: القصة الرقمية التفاعلية:

تعددت أنماط القصة الرقمية، فكان منها نمط (قصة أدب الأطفال) الرقمية التفاعلية، ولم يكن هذا هو النمط الوحيد، وإنما وجد نمط

تعليمي يسمى (القصة الرقمية التعليمية)، وتطور هذا النمط الأخير أكثر في وقتنا الحالي، خاصة فترة (كورونا)، وسيتوقف الباحث عند هذين النمطين، فيما يأتي:

أ ـ القصة الرقمية التفاعلية لأدب الأطفال:

إن أول رائد لهذا النمط التفاعلي هو الروائي الجزائري (د. حمزة قريرة) في قصته الأولى من جنسها الأدبي لأدب الأطفال، وهي (قصة العقرب) وهي متاحة بالمدونة الخاصة بالمبدع، المسماة بـ(الفن والأدب التفاعلي)؛ وتعد (قصة العقرب) «أول قصة رقمية تكتمل فيها شروط الأدب التفاعلي، وإن كانت هناك بعض التجارب السابقة في هذا المجال، كتطبيق (ناصر) أو تطبيق (الهدهد) وهي جميعها تعرض عديداً من قصص الأطفال الرقمية التفاعلية، لكن هذين التطبيقين ينقصهما دور المتلقي بالتعليق أو الإضافة»[36]، ومن أمثلة «نمط (قصص ناصر) التفاعلية التي تتاح من خلال تطبيق (قصص ناصر التفاعلية) قصة (البيضة الذهبية) التي تقدم للأطفال من سن (3 ـ 9)؛ فمضمونها يخاطب خصائص تلك المرحلة العمرية»[37]؛ ولأهمية هذا النمط التفاعلي على الساحة العربية، أقامت (جائزة الشارقة للإبداع العربي) دورتها (الثالثة والعشرين) حول هذا النمط القصصي التفاعلي لأدب الأطفال.

ب ـ القصة الرقمية التعليمية:

يعد هذا النمط الرقمي أحدث ما توصلت إليه التكنولوجيا الحديثة

في تطوير التعليم، ولذلك، كان تعريف القصة الرقمية، بأنها هي: «المجال الخصب لدعم وتوسيع استخدام وتطبيق التكنولوجيا في التعليم، وذلك بهدف إعداد متعلمي القرن الواحد والعشرين على التواصل الإيجابي مع المحتوى التعليمي»[38]، وبهذا تصبح القصة الرقمية التفاعلية أحد الأجناس الأدبية الرقمية التفاعلية التي ظهرت مثل الأجناس الأدبية الأخرى، لكنها قليلة في عددها، مقارنة بالروايات الرقمية التفاعلية، إلى جانب كونها في أدب الصغار فحسب!

المبحث الثالث:

خصائص الأجناس الأدبية الرقمية التفاعلية

تتعدد خصائص الأدب التفاعلي بما يميزه عن أدب ما قبل الإنترنت، فإذا توافرت في عمل أدبي إبداعي؛ فيقال عنه إنه (جنس أدبي رقمي تفاعلي)، وخلاصة الخصائص كالآتي:

1 - الانفتاحية:

يتميز الأدب الرقمي بالانفتاحية؛ فهو لا يقتصر على إطار العمل الأدبي للمؤلف فحسب، أو لعدد صفحات بعينها، أو اقتصاره على فئة من المتلقين بعينها، أو نشره في بلد دون غيره؛ فهو «نصٌّ مفتوحٌ، نصٌّ بلا حدود؛ إذ يمكن أن ينشئ المبدع أيّاً كان نوع إبداعه نصّاً، ويلقي به في أحد المواقع على الشبكة ويترك للقراء والمستخدمين حرية إكمال النص كما يشاؤون، بعملية منظمة مرتبة غير تقليدية»[39]، وبذلك أتاح النص الأدبي الرقمي المشاركة للجميع على اختلاف جنسياتهم وثقافاتهم وطبائعهم وأعمارهم، وبهذا عد نصّاً انفتاحيّاً متعدد الثقافات والجنسيات والأعمال، متنوع المشاركات في التعليق أو الإضافة على اختلاف اللهجات، فلم يقف عند إطار محدد كما كان قبلاً.

2 - التعددية الإبداعية:

اتسم أدب ما قبل الإنترنت باكتفاء العمل الأدبي على الفردية؛ فالذي يبدع النص هو المؤلف فحسب، دون أي دور للمتلقي في مشاركته في التأليف؛ فكان دور المتلقي سلبياً؛ فدوره قاصر على المطالعة للنص فقط، إلا أن الأدب التفاعلي أعلى من شأن (المتلقي)، وقبله النظريات الأدبية؛ فلم يكن النص الرقمي التفاعلي بمعزل عن النظريات الأدبية؛ فالنص الرقمي المترابط «صورةً من صُور تطور نظريات الأدب المختلفة التي أوْلت اهتمامَها بالنص الورقيّ؛ حيث نادى أصحاب هذه النظريات بأن القارئ هو منجعٌ آخرُ للنص، بجانب المتلقي، ولذلك فهناك عملية تفاعل تقوم بين النص والمتلقي؛ لأنه يضيف إليه ثقافته وأفكاره متأثراً في ذلك بميوله ومخزونه الفكري»[40]، وبهذا أضحت الجماعية سمة إبداعية للنص الرقمي؛ مما جعلته خليطاً من الأفكار والإبداعات، التي لا تتوافر لمبدع أدب ما قبل الإنترنت؛ فعقل الجماعة يبدع وينقح ويختار خلافاً لعقل الفرد الواحد.

ولأهمية دور (المتلقي) الذي أولاه النقاد اهتماماً، صار المتلقي متفاعلاً مشاركاً للمبدع الأصلي؛ فقد «منح المتلقي/ المستخدم فرصة الإحساس بأنه مالك لكل ما يقدم على الشبكة، أي إنه يعلي من شأن المتلقي، الذي أهمل لسنين طويلة، من قبل النقاد والمهتمين بالنص الأدبي والذين اهتموا أولاً بالمبدع ثم بالنص، والتفتوا مؤخراً إلى المتلقي، لقد اتخذت الأدب التفاعلي من المتلقي/ المستخدم الذي التفتت إليه الدراسات النقدية الحديثة مؤخراً نقطة بداية له، وجعله الأساس في العملية الإبداعية التفاعلية القائمة في الفضاء الافتراضي»[41]، مما

جعل النص الأدبي الرقمي لا يعرف الكلمة الأخيرة للنص الأدبي، وإنما يظل المتلقي يشارك بإضافة أو تعليق أو اقتراح.

3 - الشبكية اللاخطية:

اعتاد المتلقي في أدب ما قبل الإنترنت أن يلتزم في أثناء قراءته للنص الأدبي بالقراءة سطراً سطراً حتى يصل إلى نهاية النص المقروء، وإن حاول أن يتخطى أي صفحات، تشتت أفكاره واضطرب فهمه، وبهذا كان ملتزماً بالخطية الكتابية في أثناء قراءته، وإن قدم على الحاسوب دون اتصال شبكة الإنترنت بشكل (pdf) فهو حبيس الخطية أيضاً؛ ففرق كبير بين «النص الإلكتروني الذي يكون خطياً ويقدم عبر شاشة الحاسوب دون تغيير أو تبديل في شكله الورقي القديم، وبين النص الرقمي الذي يقدم عبر شاشة الحاسوب من خلال وسائط صوتية وبصرية متعددة، فالأول لا يدخل في دائرة الأدب الرقمي إلا من خلال وسيطه فقط، أما الثاني فهو أدب رقمي، ولا يمكننا تحويله إلى أدب خطي؛ لأنه يقدم عبر وسائط مختلفة لا تخضع لهذه الخاصية»[42]، وبهذا انتقل الأدب الرقمي بالنص الأدبي من الخطية إلى اللاخطية، مما منح المتلقي سعة في التنقل والاختيار، وأكسبه حرية لم تتوافر قبلاً؛ فالنص الرقمي شبكي لا خطي.

4 - اللابداياتية:

يفرض أدب ما قبل الإنترنت السيرورة ببداية موحدة؛ فالمتلقي له يلتزم في قراءته ببداية الفصل الأول حتى نهايته، ثم الثاني... وهكذا،

بخلاف الأدب الرقمي الذي يتيح للمتلقي اختيار أي فصل والتنقل إلى بداية منه، أو الانتقال منه إلى غيره دون قيد التتابع البداياتي الخطي؛ ولهذا اتسم الأدب الرقمي بأن «البدايات غير محددة في بعض نصوص الأدبي التفاعلي؛ إذ يمكن للمتلقي أن يختار نقطة البدء التي يرغب بأن يبدأ دخول عالم النص من خلالها، والاختلاف في اختيار البدايات من متلقٍّ لآخر يجب أن يؤدي الى اختلاف سيرورة الأحداث من متلقٍّ لآخر أيضاً، وكذلك فيما يمكن أن يصل إليه كل متلقٍّ من نتائج»[43]، وهذه السمة اللابداياتية تعطي المتلقي حرية التنقل، مما يمنح العمل الرقمي استمرارية المتلقي في المطالعة، ودفع ملل النظامية التراتبية الخطية المقيدة.

5 - الحضورية والواقعية:

لا شك في أن النص الأدبي حينما يبدع في حضرة المتلقي، فيشهد مولده الإبداعي البكر؛ فيشارك فيه برأيه واقتراحه، وكأنه بث مباشر له، مما يكون له تذوق بخلاف النص الورقي، وبذلك تميز النص الرقمي التفاعلي في أنه «يتيح للمتلقين المستخدمين فرصة الحوار الحي المباشر، من خلال المواقع ذاتها التي تقدم النص التفاعلي رواية كان أو قصيدة أو مسرحية؛ إذ بإمكان هؤلاء المتلقين/ المستخدمين أن يتناقشوا حول النص، وحول التطورات التي حدثت في قراءة كل منهم له، والتي تختلف غالباً عن قراءة الآخرين؛ إن منظم هذه المواقع تفتح غرفاً ومجالس للحوار الأدبي الذي تظهر فيه روح التفاعل في أرقى صورها وأشكالها، ويستطيع كل متلق/ مستخدم أن يعبر عن رأيه صراحة حول هذا النص، وأن يقترح شيئاً بخصوصه، وتلعب

توقعاته حول ما ستسفر عنه الفصول القادمة، وأن يدلي بتوقعاته حول ما ستسفر عنه الفصول القادمة بخصوص شخصية ما أو حدث ما أو غير ذلك، وهذا يبدو غير متاح في العالم الواقعي إلا ضمن طقوس رسمية معينة، يتم فيه اختيار مجموعة شعرية أو قصصية أو رواية ما لتقديم قراءة نقدية لها، ولكن مثل هذا النشاط يبقى في العالم الواقعي مقيداً بقيود المكان والزمان ونوعية الجمهور واسم المبدع طبعاً... في حين أنها في العالم الافتراضي تحرر من كل هذه القيود أو على الأقل من معظمها»[44]، فكل هذه الميزات الحضورية للمتلقي جعلته يشارك بقوة في النص التفاعلي الرقمي، مما كان سبيلاً لتلقي النص الرقمي في الواقع لشريحة أكبر في مجتمع القراء المثقفين في العالم؛ فالكل – عربياً وأجنبياً – يشهد بحضور تفاعلي مولد النص الرقمي.

إضافة إلى أن النص الرقمي التفاعلي يتسم بسمة (الواقعية) التأثيرية على المتلقي؛ فهو واقعي المعنى لا اللفظ؛ إذ «ليس واقعاً بالمعنى الحرفي للكلمة، وإنما (واقعي) بما ينتجه من تأثيرات واقعية على مستخدميه من انفعالات وصيحات وفرح وحـزن»[45]، ومن هذا تتضح سمة (الحضورية) للمتلقي و(الواقعية) لما تحدثه تأثيرات واقعية الوسائط والروابط على ذلك المتلقي.

6 – التفاعلية اللامحدودة:

يعد المتلقي خير سبيل لزيادة التفاعلية مع النص الرقمي؛ فالنص قسيم مشترك بينه والمبدع الأصلي للنص، ولا يمكن تخلي المبدع عن المتلقي في إنتاجه النص الرقمي، مما يزيد درجة التفاعلية كثرة

ومشاركة أكثر من النص الورقي، ولهذا فإن «درجة التفاعلية في الأدب التفاعلي تزيد كثيراً عنها في الأدب التقليدي المقدم على الوسيط الورقي، فكون النص مفتوحاً وبلا حدود أو نهائيات، وعدم وجود مالك وحيد له، وتحول المبدع فيه إلى متلقٍّ، والمتلقي إلى مبدع، كل هذا أسهم في أن ترتفع نسبة التفاعلية فيه في مقابل محدوديتها في نظيره الورقي التقليدي، الذي مهما يحاول مبدعه أن يجعله نصاً تفاعلياً، إلا أنه يظل مقيداً بقيود كثيرة، على رأسها طبيعة الوسيط الحامل للنص، فالورق لا يسمح بدرجة التفاعلية ذاتها، التي يسمح بها الوسيط الإلكتروني، ومنها أيضاً محدودية المتلقين، وهذا يعني محدودية المتفاعلين؛ إذ كلما زاد عدد المتلقين للنص، زادت احتمالات التفاعل معه والعكس صحيح»[46]، فهذا كله جعل ذيوع الأدب التفاعلي ينتشر بضغطة زر الماوس على لوحة المفاتيح للحاسوب وهو متصل بالإنترنت، فيتاح للجميع بخلاف النص الورقي الذي يتوافر في بلد المبدع دون غيره، وفي مكتبة نشره دون غيرها، إلى غير ذلك من أنماط الكلفة والمشقة والجهد للحصول على النص الورقي.

ولذلك، يمتاز المتلقي التفاعلي «بأنه أكثر القراء جرأة؛ فشعوره بالمشاركة في النص قوي منذ البداية»[47]، وهذا يدفعه إلى تفاعلية لا محدودة؛ فاستعداده النفسي لتلقي الأدب التفاعلي حفزه منذ الوهلة الأولى وشجعه على ذلك.

7 - اللاحدودية الإبداعية والملكية الجماعية للنص الرقمي:

تعد مشاركة المتلقي للمبدع في إنتاج النص التفاعلي ميزة لجودة

النص نفسه؛ فالأدب التفاعلي «يجعل من المبدع متلقياً، ومن المتلقي مبدعاً، ليؤدي اتحاد هذين العنصرين إلى إنشاء نص جديد، ليس ملكاً للمبدع ولا للمتلقي، إنه ملك لجميع رواد الفضاء الافتراضي»[48]، فرغم أن المبدع للنص الرقمي يكتب اسمه عليه، لكن يظل دور المتلقي وحضوره وحقوقه الملكية بالمشاركة مستقرّاً في أذهان المتلقي والمبدع، ولا يمكن تجاهله؛ وإلا صار الرقمي ورقياً لا تدخّل للمتلقي في إبداعه.

8- تقنية الوسائط المتعددة: التعددية العرضية (الشكلية):

تمثل سمة الوسائط المتعددة للأدب الرقمي التفاعلي ميزة تعدد عرض النص بأشكال متعددة، فلم يعد نمط السرد النصي وحده هو المسيطر على الرواية، وإنما تنوعت أنماطه؛ «فالأدب التفاعلي تتعدد صور التفاعل فيه، بسبب تعدد الصور التي يُقدَّمُ بها النص الأدبي نفسه إلى المتلقي/ المستخدم؛ ففي الوقت الذي يتخذ التفاعل صورة واحدة تقريباً في حالة النصوص الورقية التقليدية، نجد أنه يتخذ صوراً كثيرة مختلفة ومتنوعة في حاله النصوص الإلكترونية، والسبب هو أن النص الورقي التقليدي يقدم فيه هيئة واحدة، ينشأ عنها شكل واحد للتفاعل يتناسب معها وهو الكتابة النقدية على هامش الكتابة الأدبية. ولكنه في النهاية يمثل شكلاً واحداً من أشكال التفاعل؛ فلا يستطيع المتلقي التقليدي للنص الورقي التقليدي أن يتجاوزه أو أن يجدد فيه، وفي المقابل نجد تنوعاً في أشكال التفاعل مع النصوص

المقدمة عبر الوسيط الإلكتروني في العالم الافتراضي، فَرَضَه التنوع في طريقة تقديم النصوص الأدبية التفاعلية»[49]، وبهذا صار النص الرقمي يُعرض بصورة متعددة تشد المتلقي للمتابعة في القراءة والتفاعل، وذلك بالوسيط السردي النصي للكلمات تتخلله تقنية الروابط المتشعبة، وكذلك الوسائط المتعددة على اختلاف أنماطها؛ بخلاف النص الورقي أو (pdf).

وتتنوع الوسائط المتعددة إلى (وسيط سمعي، بصري) بجوار الكلمة السردية، وترجع أهمية تلك الوسائط المتعددة إلى أنها وسيلة «تمكننا من الزواج بين الشفاهي (الإنشاد) والكتابي (التشكيل البصري) وكل ما يتصل بهما من إمكانيات صوتية وموسيقية وصورية، كما أن التعامل مع الفضاء الشبكي يساعد على التلقي بغض النظر عن مكان الشاعر أو المستعمل»[50]، هذا في الشعر التفاعلي خاصة، وفي الأدب الرقمي عامة؛ فالرواية الرقمية التفاعلية، وظفت الوسائط؛ لتنقل المتلقي من التخيل إلى الحقيقة بالوسيط السمعي والبصري، وكأنه يعيش الواقع الحقيقي للأحداث، رغم أنه متلقٍّ افتراضي عبر الشاشات الزرقاء.

9 - تعدد الرؤية التأويلية للمتلقي التفاعلي:

تمنح الحرية الافتراضية للمتلقي للنص الرقمي التفاعلي في تخيره البدايات والنهايات للنص التفاعلي التعددية التأويلية لما يطالعه كل متلقٍّ؛ حيث إن «النهايات غير موحدة في معظم نصوص الأدب التفاعلي؛ فتعدد المسارات يعني تعدد الخيارات المتاحة أمام المتلقي/

المستخدم، وهذا يؤدي إلى أن يسير كل منهم في اتجاه يختلف عن الاتجاه الذي يسير في الآخر، ويترتب على ذلك اختلاف المراحل التي سيمر بها كل منهم، مما يعني اختلاف النهايات، أو على الأقل الظروف المؤدية إلى تلك النهايات وإن تشابهت أو توحدت، إن مثل هذه الميزة تسمح بأن يخرج كل متلق/ مستخدم من النص برؤية تختلف عن تلك التي سيخرج بها غيره من المتلقين المستخدمين، وهذا يوسع أفق النص، ويفتح باب التأويل فيه على مصراعيه، بما يضمن له البقاء والاستمرارية»[51]، وهذا بخلاف النص الورقي الذي يلزم المتلقي بالقراءة الخطية المتتابعة؛ فيحدد البدايات والنهايات، مما يقلل التأويلية التي يهتدي إليها المتلقي التقليدي للنص الورقي.

10 - السمة المتاهية:

من المعتاد في النص الورقي أن القارئ يسير بطريقة منتظمة، يقلب صفحة تلو الأخرى في شكل بسيط دون تنقل يمنة أو يسرة، فوق أو تحت، فالنص الرقمي التفاعلي نص متاهي؛ و«مصطلح المتاهة استعارة ناتجة عن التقاء الحاسوب وشبكة المعلومات العالمية، وشكل المتاهة الذي يناسب النص المترابط هي المتاهة ذات المسارات المتعددة؛ لأن هناك عنصراً مشتركاً بين هذا النوع من المتاهات التي تنطوي على نفسها وتنكمش آخذة شكلاً دائرياً لا نهائيّاً وحالة من الترقب التي يولدها النص المترابط الذي يظن القارئ بأنه اقتراب من مركزه أو من معناه الخبيء (المخبأ)، لتلاشي هذا المركز بما فيه من معان محتملة، فيصاب المستعمل بحمى النقر، ينقر ويعيد النقر باحثاً

عن الهدف المنشود الذي يتبخر وينسرب من بين يديه، كلما ظن أنه أمسك به أو شارف على ملامسته»[52]، وهذا واضح جداً في الرواية التفاعلية؛ فالمتلقي لا يسير بطريقة خطية منتظمة، وإنما تقابله بعض الروابط التفاعلية التي تحيله إلى نصوص تشعبية مختلفة.

11 - الترابطية وثلاثية الأبعاد:

يتميز الأدب الرقمي بسمة الترابطية؛ فقد وظف الأديب الرقمي بالتعاون مع المصمم والمتلقي بعض الروابط الداخلية والخارجية أو إحداهما بالنص الرقمي ليتيح للمتلقي التنقل بحرية دون قيد، وهذه سمة خلا منها الأدب الورقي لما قبل الإنترنت، ومن هذا أصبح النص التفاعلي يتسم رغم وجود سمة الترابطية قديماً، «تحديداً إذا أمعنا النظر في القصص العربية القديمة، ومن أبرزها قصص ألف ليلة وليلة، وهي مجموعة من القصص تدور أحداثها حول شخصيات وبلاد وأماكن عربية متنوعة، وتتشعب قصصها فيما بينها، فإذا ما التقينا بحكاية فوجئنا بحكاية أخرى جديدة منبثقة عنها، وجميع هذه الحكايات والقصص مرتبطة بالقصة الرئيسة؛ فالقارئ قد يترك بعض قصص ألف ليلة وليلة لينتقل للبعض الآخر، وهي حرية تجعل هذه القصص نصاً مفتوحاً تفاعلياً»[53]، إلا أن الترابطية الرقمية تميزت بشموليتها وتنوعها؛ فهي «ثلاثية الأبعاد، وهذه الخاصية مستخلصة من الطبيعة التأليفية للنص الإلكتروني الذي تبنى وحداته في إطار من اللعب التفاعلي الحاصل بين ثلاثة مكونات، هي:

أ – الكتابة.

ب – العرض.

جـ – التصفح والاطلاع.

ففي الوقت الذي تتداخل فيه هذه العناصر داخل النص، نجدها تتمتع بالاستقلال التام داخل النص المترابط، وبتفاعلها فقط تتشكل الوحدة الدلالية، ولذلك تتأسس علاقة وظيفية جديدة ما بين (العرض، الاطلاع، الكتابة) هذه العلاقة التي تأخذ شكلاً دائرياً؛ فالمعطيات المعروضة على شاشة الحاسوب (العرض) تنفتح مباشرة (الاطلاع) بتتبع المسارات التي ينتجها نظام الروابط القابلة للتنشيط والبادية على الشاشة، على معطيات جديدة (التدوين أو الكتابة) يتم استدعاؤها من خلال القراءة لنحصل على الخطاطة الدينامية التالية»[54]:

العرض ← الاطلاع ← التدوين ← العرض...

ومن هذا يتضح أن النص الرقمي أتاحت له روابطه المتعددة سمات تفاعلية للمتلقي لم تكن قبلاً، إضافة إلى تنوع ما تحيل إليه تلك الروابط، فتارة تحيل المتلقي إلى وسيط سمعي، وأخرى تحيله إلى وسيط بصري أو نصي سردي.

12 - سمة (اللايقينية):

ليس معنى أن النص الرقمي التفاعلي هو أحدث ما وصل إليه النص الأدبي أنه لا عيوب فيه أو إشكاليات في أثناء تفاعل المتلقي

معه؛ وإنما تكمن إشكاليته بأنه نص (لايقيني)؛ فاتصافه بالواقعية الافتراضية، معناه أن «افتراضي أي غير مؤكد؛ فهو يشبه النص ويشبه الواقع ولا يشبهه، ومهما حشدنا من مؤثرات ووسائط حيوية مع النص المكتوب على الشاشة، فإن كبسة (ضغطة) واحدة على أحد الأزرار تلغي يقينيته، وهو افتراضي لأنه محشور في جهاز صغير متصل بعالم افتراضي، منفصل تماماً عن الواقع»[55]؛ ولهذا تنفصل واقعيته الافتراضية بـ«مجرد انقطاع التيار الكهربي عنه أو تعطل وصلات الاتصال، فيتبخر إلى لا شيء، ليعود المستخدم إلى واقعه المادي من جديد»[56]، ومن هذا يخلص الباحث إلى أن سمة الظنية سمة أساسية للنص الرقمي التفاعلي، بخلاف النص الورقي الذي يتاح مع المتلقي في أي وقت، طالما أنه يحمله معه في أي مكان.

هوامش الفصل الأول:

1 – عصر الوسيط «أبجدية الأيقونة» دراسة في الأدب التفاعلي الرقمي: د. عادل نذير، دار كُتَّاب ناشرون، بيروت – لبنان، 2010م، ص15 – 20.

2 – من النص إلى النص المترابط: د. سعيد يقطين، المركز الثقافي العربي، الدار البيضاء – المغرب، الطبعة الأولى، 2005م، ص173.

3 – بنية القصيدة الرقمية لدى تميم البرغوثي «قصائد اليوتيوب أنموذجاً»، إعداد: بن عيسى ريمة، جامعة محمد خيضر – بسكرة – كلية الآداب واللغات، 2020م، ص7.

4 – من النص إلى النص المترابط: ص173.

5 – العرب وعصر المعلومات: د. نبيل علي، سلسلة عالم المعرفة، المجلس الوطني للثقافة والفنون والآداب، الكويت، عدد يناير، 1994م، ص276.

6 – من النص إلى النص المترابط: ص178.

7 – مقال: (الرقمية وتحولات القراءة والكتابة): إعداد: محمد أسليم، على موقعه الشخصي، الإصدار الثالث، 2012م، نشر بتاريخ (2012/9/5م) كان متاحاً مساء السبت (2021/10/30م، على الرابط: http://www.aslim.ma/site/articles.php?action=view&id=118

8 – العرب وعصر المعلومات: د. نبيل علي، سلسلة عالم المعرفة، المجلس الوطني للثقافة والفنون والآداب، الكويت، عدد يناير، 1994م، ص276.

9 – الأدب الرقمي «أسئلة ثقافية وتأملات مفاهيمية»: د. زهور كرام، رؤية للنشر والتوزيع، القاهرة، الطبعة الأولى، 2009م، ص28.

10 – مهوى التفاحة: ص45.

11 – الأدب الرقمي بين النظرية والتطبيق (نحو المقاربة الوسائطية): ص9.

12 – بـدأ الباحث بجنس الشـعر من بيـن الفنون الأدبية كلها؛ لسـبقه الفنون كلها ظهوراً عند العرب.

13 – مقال (القصيدة الرقمية الفن هو تكنولوجيا الروح): مرح البقاعي، كان متاحاً صباح الثلاثاء، الموافق: 2021/10/26م، على الرابط:

https://www.ahewar.org/debat/show.art.asp?aid=26282

14 – مدخل إلى الأدب التفاعلي: ص80.

15 – مقال (القصيدة الرقمية الفن هو تكنولوجيا الروح): مرح البقاعي.

16 – مدخل إلى الأدب التفاعلي: ص84 – 85.

17 – من النص إلى النص المترابط: ص225.

18 – مدخل إلى الأدب التفاعلي: ص87.

19 – مقال (القصيدة الرقمية: الفن هو تكنولوجيا الروح): مرح البقاعي.

20 – مدخل إلى الأدب التفاعلي: ص91.

21 – المرجع السابق: ص92 – 93.

22 – مقـال (رواية الواقعية الرقمية «محمد سـناجلة وميلاد أدب عربي جديد»): كتبه: أحمد فضل شبلول، موقع (ناشري).

23 – رابطها بالمدونة الشخصية لمبدعها على الرابط:

https://www.litartint.com/2018/11/blog – post.html

24 – رابطها بالمدونة على الرابط:

https://www.litartint.com/2020/02/university – bus.html

25 – على الرابط:

https://www.facebook.com/rewayaonline/

26 – النسخة الرقمية التفاعلية للرواية على الرابط الفيسبوكي:

https://www.facebook.com/almotasharid

27 – النسخة الرقمية التفاعلية للرواية على الرابط:

https://www.facebook.com/addeebah/

28 – النسخة الرقمية التفاعلية على الرابط:

https://www.facebook.com/FiHadartihim/

29 – رابط نشر الرواية على موقع (تويتر) بحسابه الشخصي، على الرابط:

https://twitter.com/tariq2121?lang=ar

كما ينشرها أيضاً على التليجرام على الرابط:

https://web.telegram.org/k/#@tariq21213

30 – مدخل إلى النص التفاعلي: ص101، 102، 105.

31 – مقال (النص الرقمي وأجناسه «قراءة في واقع منتج النص الرقمي في العالم العربي»): إعداد: السيد نجم، مجلة (الكلمة)، مجلة أدبية فكرية شهرية، العدد (19) يوليو 2008م، على الرابط:

http://www.alkalimah.net/Articles/Read/1435

32 – مدخل إلى النص التفاعلي: ص99.

33 – مدونة (الفن والأدب التفاعلي): د. حمزة قريرة، المسرحية على الرابط:

https://www.litartint.com/2018/12/playnoglasseslifeis-betterPaintings.html

34 – مقال (النص الرقمي وأجناسه «قراءة في واقع منتج النص الرقمي في العالم العربي»): إعداد: السيد نجم، مجلة (الكلمة)، مجلة أدبية فكرية شهرية، العدد (19) يوليو 2008م، على الرابط:

http://www.alkalimah.net/Articles/Read/1435

35 – المقال السابق.

36 – أدب الأطفال الرقمي/ التفاعلي «بين سلطة الرابط وتأثير الوسيط»: ص185.

37 – المرجع السابق: ص287.

38 – أثر تغير نمط رواية القصة الرقمية القائمة على الويب، على التحصيل وتنمية بعض مهارات التفكير الناقد والاتجاه نحوها: إعداد: د. نادر سعيد علي شيمي، الجمعية المصرية لتكنولوجيا التعليم، العدد (3) المجلد (19)، يوليو 2009م، ص4.

39 – مدخل إلى الأدب التفاعلي: ص50 – 53.

40 – أدب الأطفال الرقمي/ التفاعلي بين سلطة الرابط وتأثير الوسيط: ص43 – 44.

41 – مدخل إلى الأدب التفاعلي: ص50 – 53.

42 – أدب الأطفال الرقمي/ التفاعلي «بين سلطة الرابط وتأثير الوسيط»: ص63.

43 – مدخل إلى الأدب التفاعلي: ص50 – 53.

44 – المرجع السابق: ص50 – 53.

45 – الورقي والرقمي «الواقعية الافتراضية في الرواية العربية»: ص21.

46 – مدخل إلى الأدب التفاعلي: ض53 – 54.

47 – رواية الزنزانة رقم 60 (الجزء التنظيري): ص176.

48 – مدخل إلى الأدب التفاعلي: ص50 – 53.

49 – المرجع السابق: ص53 – 54.

50 – من النص إلى النص المترابط: ص225.

51 – مدخل إلى الأدب التفاعلي: ص50 – 53.

52 – شعرية النص التفاعلي: ص44 – 45.

53 – أدب الأطفال الرقمي/ التفاعلي بين سلطة الرابط وتأثير الوسيط: ص56 – 57.

54 – شعرية النص التفاعلي: ص39 – 42.

55 – شعرية النص العنكبوتي: د. عبد العزيز مناصرة، مجلة فصول، الهيئة المصرية العامة للكتاب، القاهرة، العدد (79) شتاء – ربيع، 2011م، ص108.

56 – الورقي والرقمي «الواقعية الافتراضية في الرواية العربية»: ص23.

الفصل الثاني:

مستقبل الشعر العربي الرقمي والتجارب الشعرية الرقمية التفاعلية

المبحث الأول:

أنماط النصوص الشعرية الرقمية التفاعلية[1]

لم تكن الأنماط الأدبية على الساحة العربية واحدة في شكلها الوسائطي الناقل، وإنما تنوعت حسب معطيات التنوعية التكنولوجيا للوسائل الحديثة، وقد حصرها د. عبد الرحمن المحسني، في أنماط خمسة للأدب الرقمي موجودة على الساحة العربية والغربية، وهي كالآتي:

1 - النص الرقمي التفاعلي أو المترابط:

هو الذي يتماهى مع التقنية إلى أقصى حدودها؛ حيث يعتمد على الإنتاج المتطور وتوظيف عناصر الميديا الكاملة، كما يقوم على روابط تتحرك بالنص لآفاق فنية ودلالية، وقد يشرك المتلقي في صناعة النص وتطويره، ومنها قصائد (د. مشتاق عباس) رائد الشعر الرقمي التفاعلي.

2 - النص الرقمي المتفاعل جزئياً:

يوظف المبدع بعض عناصر الميديا (صورة، نص، مقطع،

رابط) مثل تجربة د. لبيبة خمار في إنتاج بعض النصوص المتعالقة مع بعض هذه التقنيات.

3 - الأدب الرقمي التراثي:

هو الذي يوظف عناصر تقنية لتفعيل نص قديم كالمعلقات الشعرية (الجاهلية).

4 - النص الرقمي البسيط:

هو النص الذي يكتب على الشبكة من قبل الشاعر ابتداء، أو يصور من ديوانه، وهذا يقلق من ناحية السرقات الفكرية، ولهذا جاء مشروع (حفظ النص الرقمي على مواقع التواصل الشبكي) الذي تبناه (نادي جدة الثقافي الأدبي).

5 - القصيدة الروبوت:

هي القصيدة الآلية، التي تعمل الآلة عليها، مثل نموذج (خديجة الصبار 2017/12/11م) في مقال (الروبوت شاعر أم شعور/ ثمانية) فقد نقلت عن (الروبوت هال) نصّاً شعريّاً آليّاً.

المبحث الثاني:

التجربة العربية الشعرية الرقمية التفاعلية ومستقبل الشعر الرقمي التفاعلي

إن هناك تجارب عديدة على الساحة العربية، لكن الباحث سيتوقف عند أهمها تمثيلاً لا حصراً، خاصة المحققة لشروط الرقمية التفاعلية وخصائصها، ومنها ما يأتي:

أولاً : تجربة رائد الشعر الرقمي التفاعلي (د. مشتاق معن):

تلك التجربة نمط جديد في شكله وبنيته؛ فقد أسماه (العمود الومضة)[2] - كما مر بالتمهيد - فعدد أبيات القصيدة دون السبعة من ناحية البنية العددية، ومن ناحية الشكل فقد اتخذ معطيات الرقمية التفاعلية وسيطاً لنقل إبداعه، لم يكن معتمداً في قصائده على التعريف التقليدي لعدد أبيات القصيدة القديمة، ولذلك تميز بتجربته؛ بأن اتخذ نهجاً خاصاً في شعره الرقمي التفاعلي؛ فكل قصيدة دون السبعة أبيات أسماها قصيدة (العمود الومضة).

ولهذا يعد (عباس مشتاق معن) رائد القصيدة التفاعلية العربية بلا منازع، بتوافر سماتها الرقمية والتفاعلية معاً؛ وقد نال ذلك الوسام؛ «لمَّا تأكد لنا تحقق التفاعلية في رقمية (تباريح رقمية لسيرة بعضها أزرق) من خلال إسقاط مضامين (القصيدة التفاعلية) وشروط إنتاجها، أصبح لزاماً علينا أن نبارك للشاعر المبدع (مشتاق عباس معن) ريادته بإنجاز أول قصيدة عربية تفاعلية رقمية، أي إنه لم يحقق القصيدة الرقمية فحسب، بل ارتقى بها لتكون قصيدة رقمية تفاعلية رائدة»[(3)]، وأيقونة تلك القصيدة كما بالشكل الآتي:

ومما سبق يتضح أن الغرب سبق العرب في القصيدة التفاعلية، لكن ظهرت صورة عربية للقصيدة التفاعلية على يد (د. مشتاق عباس) التي تمثل البذرة الأولى والصدارة في إنتاج قصيدة توافرت فيه آليات الرقمية التفاعلية، وتبعتها تجارب عربية أخرى. هذا إلى جانب مجموعته الرقمية التفاعلية المسماة (لا متناهيات الجدار الناري 2017م)، وواجهتها الرئيسة، كما بالشكل الآتي:

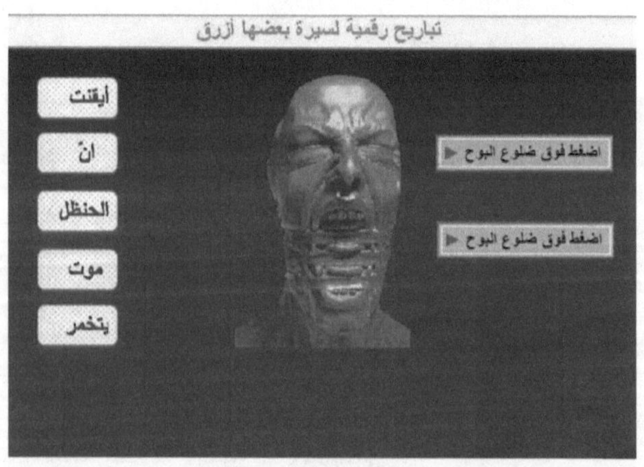

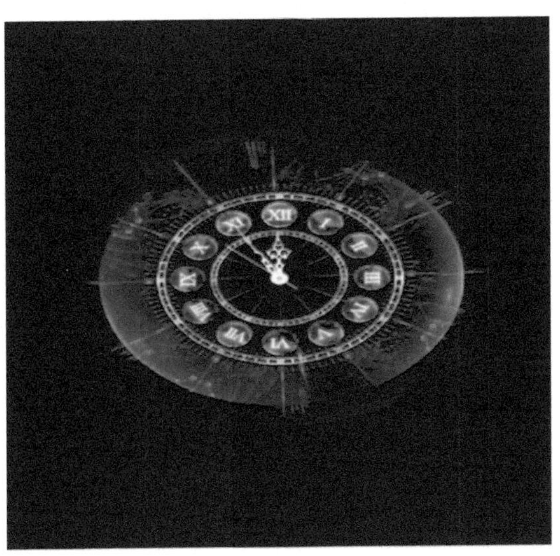

وسيتوقف الباحث عند هذه المجموعة في مباحث الفصل الحالي لاحقاً.

ثانياً: تجربة (منعم الأزرق) الرقمية التفاعلية:

يعد (منعم الأزرق) أحد رواد الشعر الرقمي التفاعلي في الوطن العربي، فقد أصدر تجارب شعرية رقمية تفاعلية تطورت من الورقية إلى الرقمية التفاعلية من عام (2003 – 2008م)، وبالتوقف عند مجموعة (شجر البوغاز) من حيث تأريخ نشرها ورقيّاً ورقميّاً، إذ هي «نصوص رقمية برسم الميلاد (بين سنتي 2003 و2008م) نشرها منعم في تاريخ 28 أغسطس 2006م كقصيدة ورقية، ثم كان إصدارها الأول تحت عنوان: (أفق في ليل الأعمى، يونيو 2008م) ثم ظهرت كقصيدة مرقمة في مدونة الشاعر نفسه على شبكة الإنترنت، وبعد

ذلك أعاد إنتاجها ليجعل منها قصيدة رقمية؛ فقد تم تحديثها بعنوان: (أفق في ليل الأعمى مايو 2013م) أسماه فرعيّاً بـ«قصائد فائقة»، ونصوصه تجمعها خاصية الكتابة دون وسيط الحبر والورق»[4]، وبهذا تكون تجربة (منعم الأزرق) قد اكتملت أصولها في صورتها الرقمية التفاعلية عام (2008م) ليكون هو المبدع الثاني عربيّاً بعد د. مشتاق معن في الوطن العربي.

وبدخول الموقع الرئيس للشاعر (منعم الأزرق) يجد المتلقي أنه تحت مسمى: (رقميات منعم الأزرق)[5]، وهذا الموقع يحوي تلك الإبداعات الشعرية الرقمية التفاعلية للمبدع (منعم الأزرق) وغيره، وهذه الأعمال هي: (منابع الكتاب: الإصدار الثاني، نوفمبر 2007م)، (نبيذ الليل: الإصدار الثاني، أكتوبر 2007م)، (سيجة الماء «قصيدة رقمية» الإصدار الأول، مايو 2007م)، (الدنو من الحجر الدائري قصيدة رقمية: الإصدار الأول، مايو 2007م)، (مآثر غيمة لا تشبع منها العينان: الإصدار الثاني، 2008م) (قصيدتان لبيت الوحيد: أرى الأرض تهوي بنا، مآثر القلب الوثني: الإصدار الثاني، يناير 2008م)، (الكامن بزائل الأوراق: الإصدار الأول، فبراير 2010م)، (نعل من ضوء: الإصدار الأول، أكتوبر 2010م)، (شجر البوغاز: الإصدار الثاني، مايو 2012م)، (الخروج من رقيم البدن: الإصدار الأول، سبتمبر 2012م)، (أفق في ليل الأعمى: الإصدار الثاني، مايو 2013م)، (قالت لي القصيدة ضوءها العمودي: الإصدار الثالث، مارس 2014م)، فهذه أهم أعمال (منعم الأزرق) الشعرية الرقمية التفاعلية في جميع إصداراتها، وسيتوقف الباحث في نهاية الفصل

الحالي عند قصيدة/ مجموعة (شجر البوغاز) في صورتها الرقمية التفاعلية لإصدار 2013م.

لم تنضب التجارب الإبداعية الرقمية التفاعلية للشعر العربي، فقد كانت هناك محاولة أخرى، ومنها التجربة الشعرية الرقمية التفاعلية الجزائرية على يد الكاتب الرقمي د. حمزة قريرة، في قصيدته الموسومة بـ(الحب يتكلم كل اللغات) عام 2018م؛ لكنها لا ترقى إلى إبداع (مشتاق معن، منعم الأزرق) في مضامينها وصورها.

وقد خصص لها المبدع (د. حمزة قريرة) قسماً خاصاً بمدونته التفاعلية المسماة (الأدب والفن التفاعلي)[6]، أسمى هذا القسم: (الشعر التفاعلي: شعر بنكهة جماعية) ليشير إلى دور المتلقي التفاعلي بالتشارك أو التعليق أو الإضافة مع المبدع الأصلي (د. حمزة) إلى تجربته الشعرية الرقمية التفاعلية؛ فقد اتخذ الواجهة أيقونة، وقسّم القصيدة كما بالشكل الآتي[7]:

وفي نهاية تلك التجارب، فهناك تجارب أخرى لشعراء آخرين، أمثال: تميم البرغوثي وعمر هـزاع...، وهي متاحة على موقع اليوتيوب وتويتر، لكن حاول الباحث ذكر أهم التجارب الناضجة رقمياً وإبداعياً وتفاعلياً، تمثيلاً لا حصراً، وسيتوقف عند أهم التجارب وقفة نقدية تحليلية في مكانها بالبحث.

المبحث الثالث:

قراءة في نماذج تطبيقية

وسيتوقف الباحث عند أهم التجارب العربية، متمثلة في د. مشتاق معن ومنعم الأزرق، كما يأتي:

أولاً: تجربة د. مشتاق معن:

لقد كانت مجموعة/ قصيدة (تباريح رقمية لسيرة بعضها أزرق) أولى التجارب الشعرية الرقمية التفاعلية التي استوت على سوقها ظهوراً في الوطن العربي، بخصائصَ جعلتها فريدة من نوعها على المستوى التقني والإبداعي وقتها؛ إضافة إلى براعة أوزانها وتنوعها؛ فهي «تجمع هذه القصيدة أشكالاً إيقاعية مختلفة من الشعر الموزون المقفى وشعر التفعيلة وشعر التفعيلات إضافة إلى قصيدة النثر»[8]، كما أنها تتميز بتفرد في طريقة عرضها للمتلقي؛ إذ «تتخذ التركيب الكتلي أساساً لبنائها؛ فهي تتكون من عشر شاشات ذات بنى

مستقلة، ضمنها الشاشة الرئيسة لعنوان المجموعة كلها»[9]، فكل هذه الأعمال كانت بذرة مهاد لما صار عليه إبداع د. مشتاق لاحقاً، ومن ثم، سيتوقف الباحث عند أهم التجارب التي توافرت فيها الرقمية التفاعلية، وهي كما يأتي:

ـ قراءة في تجربة (لا متناهيات الجدار الناري):

تعد تجربة (لا متناهيات الجدار الناري) هي التجربة الثانية لرائد الشعر الرقمي التفاعلي د. مشتاق معن، وهي أكثر نضجاً وحضوراً للوسائط الرقمية والتفاعلية، وقد أنتجها المبدع عام 2017م، وسيتوقف الباحث عندها وقفة عامة، كما يلي:

1 ـ الواجهة الرقمية لمجموعة (لا متناهيات الجدار الناري):

لقد وظف المبدع الوسائط المتعددة والروابط المتشعبة بداية من دخول موقعه الشخصي (الرقمي التفاعلي)، فواجهة الموقع تحوي (اسم المجموعة الترابطي)، فإذا ضغط عليه المتلقي نقله إلى الواجهة الرئيسة للمجموعة (لا متناهيات الجدار الناري)، فقد جاءت هذه الواجهة على هيئة ساعة حركية، كما بالشكل:

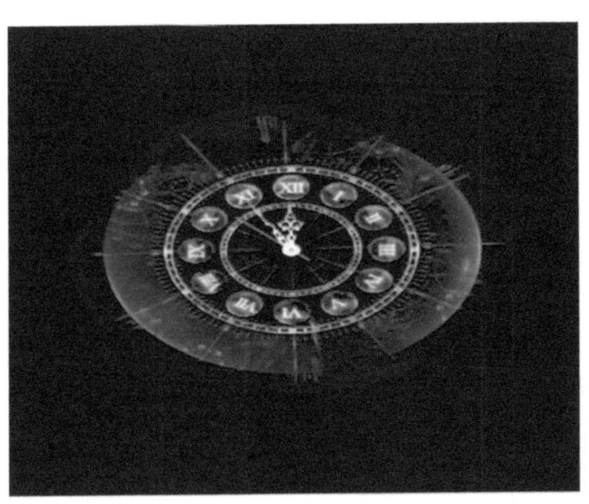

أ – الواجهة رقمية تفاعلية:

فالملاحظ على تلك الواجهة أنها خالية من الكلمات؛ فلم تعد الكلمة هي الأساس بالواجهة الرئيسة؛ ليبرز المبدع للمتلقين أن العمل الإبداعي رقمي تفاعلي من أول وهلة لوقوع عين المتلقي على الواجهة، وقد جاءت «الواجهة على شكل ساعة حائط بالأرقام اللاتينية تشير عقاربها إلى الساعة الثانية عشرة إلا خمس دقائق، كما أنها تدور عكس عقارب الساعة الزمنية، فتدور من اليمين إلى اليسار، وتحاط الساعة بدائرة كبرى تدور بالاتجاه المعاكس لحركة عقارب الساعة»[(10)]، وهذه سمة (الوسيط الحركي) التي افتقدها المتلقي في الوسيط التقليدي الورقي.

ب – دلالة ألوان الواجهة الرقمية:

وبالتوقف عند (الوسيط البصري) للون الواجهة؛ فالملاحظ أنها

«صبغت الأرقام باللون الذهبي لتدل على الشيء الثمين، أما الخلفية فلونها الأسود يرمز إلى الحزن والأسى والمرارة التي يعيشها المجتمع العربي في الآونة الأخيرة»[11]، ومن ثمَّ، فإن دلالة عنوان المجموعة يؤكد ذلك من خلال الساعة وعقاربها «فدورة عقارب الساعة تنتهي بعد مضي ستين دقيقة، لكنها لا تنتهي في مداراتها الاثني عشر؛ فهي غير محددة؛ لذلك سمي بـ(لا متناهيات) إشارة إلى عدم انقطاع معاناة الشعوب المضطهدة، أما مصطلح (الجدار الناري) فقد حرر المبدع دلالته من التقنية إلى الشعر الرقمي التفاعلي، فالجدار الناري مثلما هو في الوقت نفسه سبب للمعاناة، أي إنه مع توفر الحماية لا يزال الشعب مضطهداً، وهذا الاضطهاد من العصر الروماني، لذلك وظف المبدع الأرقام الرومانية»[12]، وكل هذا متحقق من خلال القصائد ومضامينها.

جـ - دلالة الرسم (شكل الواجهة الدائري):

وظف المصمم الواجهة على هيئة (دائرية الساعة) وكأنها تصوير مجازي حسي لدائرة الهموم والحزن المحيط بالإنسان؛ ولهذا فإن «اختيار المبدع شكل الواجهة على هيئة ساعة ليصور المعاناة التي يعيشها الإنسان العربي بصفة خاصة، والعالم كله بصفة عامة، وأما الأرقام اليونانية فهي دليل على قدم معاناة الإنسان من ألم الحياة وقساوة البشر وغيرها، واللون القاتم الأسود لخلفية الساعة يؤكد حزن الشاعر لما تعاني منه الإنسانية من قساوة الحياة والبشر وغيرها من الدلالات»[13].

د – عناويـــن قصائد مجموعة (لا متنــاهيـــات الجدار النـاري) ودلالتها بالمضمون العام:

لقد اتسمت تلك المجموعة الرقمية بلون بلاغي تشويقي؛ إنها (براعة الاستهلال) للمتلقي في بداية واجهة المجموعة؛ فرسْمُها (دائرية) يعبر عن الإحاطة والصراع الذي يحيط المبدع والمتلقي معاً، ويتوصل المتلقي إلى قصائد المجموعة بالإبحار حال الضغط على أي ساعة، فتظهر القصيدة الرقمية التفاعلية، وبإبحار المتلقي للبحث عن مسميات قصائد التباريح في الواجهة الرقمية التفاعلية لروابط التباريح؛ فقد تعرف الباحث أسماءها من خلال الضغط على الرابط الأصلي الفوقي الذي يظهر في شريط الروابط للمجموعة بموقع جوجل، ففي كل قصيدة يظهر اسم القصيدة من خلال ضغط المتلقي وكأنه سينسخ الرابط، فحينها يظهر الاسم.

وبالتالي فعدد الساعات اثنتا عشرة ساعة، تولج المتلقي إلى اثنتي عشرة قصيدة، هي:

1 – الفقر.

2 – الإحباط.

3 – الخضوع.

4 – الوحدة والعزلة.

5 – الجمود.

6 – الجهل.

7 – التخلف.

8 – الضياع.

9 – الألم. 10

10 – الهجرة والمطاردة.

11 – الموت.

12 – المقاومة.

هـ – الوسائط المتعددة بمجموعة (لا متناهيات الجدار الناري):

– الروابط التشعبية لواجهة أي قصيدة رقمية تفاعلية بـ(لا متناهيات الجدار الناري):

عند ضغط المتلقي على أي رقم بالساعة تظهر قصيدة، وبجانبها الأيمن ستة خيارات كلها روابط تفاعلية، تلك الخيارات الستة كما بالشكل الآتي، هي:

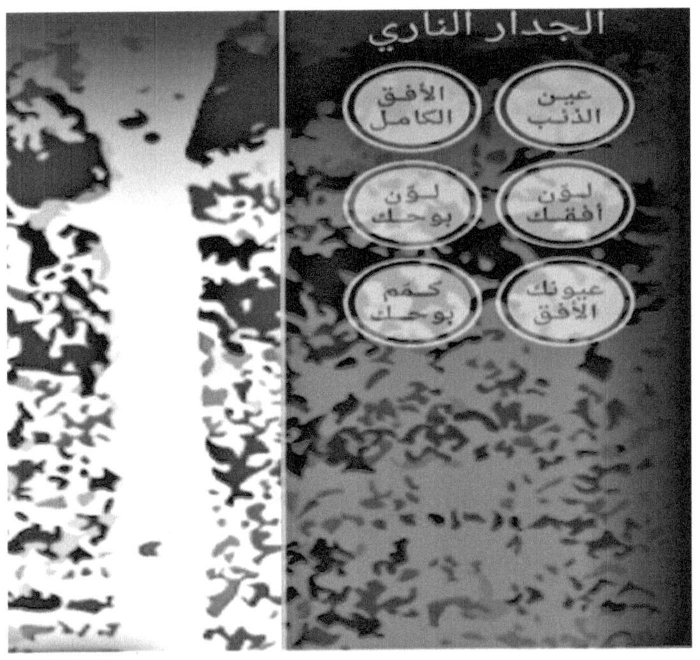

1 – خيار رابط (عين الذئب): بالضغط عليه، تظهر الشاشة بوضوح أو خفوت، فهو خاص بسطوع الشاشة الرقمية التفاعلية.

2 – خيار رابط (الأفق كامل): بالضغط عليه، يتضح أن المتلقي يتحكم من خلاله في تكبير حجم الشاشة أو تصغيرها.

3 – خيار (لون أفقك): بالضغط عليه، فإن ألوان الشاشة تتغير؛ فهو رابط تفاعلي يتحكم في تغيير لون الشاشة.

4 – خيار (لون بوحك): بالضغط عليه، يتضح أنه وُظف للتحكم في لون الواجهة الرقمية التفاعلية للقصيدة.

5 – خيار رابط (عيونك الأفق) يعرض الوسيط البصري الرئيس للقصائد الاثنتي عشرة كلها، إنه وسيط (الساعات) بطريقة عمودية/ رأسية على يسار شاشة الواجهة الرقمية التفاعلية.

6 – خيار رابط (كمّم بوحك) تعطيل صوت الموسيقى المصاحبة للقصيدة، وبالتالي وظيفته التحكم في (الوسيط السمعي).

تظهر تلك الخيارات في قائمة عن يسارها سهم قابل للضغط عليه، وظيفته عرض تلك الخيارات الستة أو إخفاؤها.

لم تكن هذه هي الروابط الستة الوحيدة بأي واجهة، وإنما هناك رابط آخر له أهمية كبرى في إبراز دور المتلقي بالمشاركة والتفاعل مع المبدع أو المصمم؛ فالمتلقي هو المبدع الثاني للعمل الإبداعي خلافاً للوسيط الورقي التقليدي الذي يتوقف فيه دور المتلقي عند التفاعلي الوجداني فحسب!

ولذلك، وظف المبدع خياراً ترابطيّاً أعلى تلك الخيارات الستة، وذلك الرابط هو اسم المجموعة: (لا متناهيات الجدار الناري) في صورة رابط تشعبي، يظهر بطريقة عرض كأنها (power point) ظهور وخفاء حرف، وبالضغط عليه تظهر (بطاقة تعريفية/ الوسيط البصري اللساني)؛ للتواصل مع المبدع أو التقني الفني أو المساعد الموسيقي بالمبدع، به (الاسم، الإيميل الخاص) إذا رغب المتلقي في التواصل مع أحدهم بالمشاركة أو بالإضافة أو الاقتراح، ذلك الوسيط كما بالشكل الآتي[14]:

- الوســـائط البصرية لقصائد مجموعــــة (لا متناهيات الجدار الناري):

تتأكد السمة الرقمية التفاعلية للوسائط البصرية بالواجهة الرئيسة للمجموعة، كما مر أعلاه، إلى جانب توافر وسائط أخرى تظهر القصائد في شكل وسيط بصري ورقي مسطر، مكتوب عليه الأسطر الشعرية، وبالتوقف عند أهم الوسائط البصرية بالمجموعة، «يتضح أن الشاعر وظف الكتابة المسمارية، ويكررها أكثر من مرة ليشير

بذلك إلى حضارته العراقية؛ فهو يستحضر الأصالة لموطنه، ويثبت عراقيته وعروبته ووجـوده، ويذكر العدو بقوته وشجاعته، فهي حضارة وعروبة وهوية ووطن، فلا يمكن أن يطمسها العدو، إلى جانب توظيف السنابل ليصور معاناة الشعوب العربية من ضيق العيش والمعاناة الاقتصادية، إضافة إلى الوسيط الذي يبين الجفاف والقحط لأرض قاحلة، ليؤكد المعنى السابق ذاته، إلى جانب إيراد الأشجار في صورة قاتمة وكأن الحياة صارت سوداوية بسبب اسوداد قلوب البشر سلوكاً، وأخيراً وسيط بصري لـ(شموع مضيئة خافتة)، تدل على مقاومة الإنسان ضد ما يعتوره من أعداء وحروب وضيق معيشة»[15]، كل هذه المعاني خلاصة أهم الوسائط البصرية الواردة داخل القصائد الرقمية التفاعلية.

- الروابط التشـــعبية بقصائد مجموعـــة (لا متناهيات الجدار الناري):

عندما يفتح المتلقي المجموعة على الشبكة العنكبوتية لموقع المبدع، فإن المتلقي يجد بالواجهة الرقمية (ساعة في حركة دوران) ومن خلال الضغط على أي رقم من تلك الساعة، فإنها تنقل المتلقي إلى قصيدة (الهجرة والمطاردة)[16]، ويظهر فيها (القصيدة الرقمية التفاعلية) وفي الجانب الأيمن منها الخيارات الستة التي تعد (شريط مهام) كي يفيد منها المتلقي في ضبط الألوان، أو الدخول إلى قصائد أخرى، أو الخروج، أو تكبير حجم الشاشة، أو تصغيره، كما مر أعلاه، وهذه إلماحة عامة.

- الوسائط الحركية والسمعية لقصائد مجموعة (لا متناهيات الجدار الناري):

تعددت الوسائط الحركية بمجموعة (لا متناهيات الجدار الناري) ومن ذلك دوران الساعة الكائنة بالواجهة الرقمية التفاعلية للمجموعة، وكذلك أيضاً حركية الوسيط البصري لـ(عقرب الثواني) من اليمين إلى اليسار، إضافة إلى حركية القصائد الرقمية التفاعلية، فهي تتحرك من أعلى إلى أسفل أو يميناً أو يساراً في الواجهة الرقمية.

إضافة إلى حركية (الطفل حنظلة) الذي يظهر في الجانب الأيسر أسفل الخيارات (وسيط بصري لحنظلة)؛ وهو «شخصية رسمها (ناجي العلي) في كاراكتيراته، في صورة طفل أدار ظهره للقارئ، وعقد يديه خلف ظهره، رسمها عام 1973م، حتى أصبح شخصية (حنظلة) رمزاً للهوية الفلسطينية»[(17)]، وكأن المبدع يوظف ذلك الرمز الدال على الهوية الوطنية والعربية لما أصاب المجتمع العربي من إخفاقات وأحزان؛ فحركية الطفل وهو معقود الأيدي تعبر عن الحيرة التي وصل إليها المواطن العربي في ظل متغيرات واقعه.

هذا، وقد جاء دور (الوسيط السمعي للموسيقى) الذي صاحب بعض القصائد، لا كلها، محاكياً لمضامين القصائد؛ فهو رسم تعبيري سمعي بالموسيقى، يصاحب القصائد صوت موسيقي يتناسب ومضمون القصيدة، وهذه سمة تفاعلية يتعايش المتلقي من خلال سماعها الجو الوجداني لمضامين القصائد؛ وغالبها موسيقى حزينة دالة على ما يعانيه المبدع والمتلقي من واقعهما المعيش، خاصة موطن المبدع (العراق).

ثانيـاً: وقفة تطبيقية عامة مع تجربة منعم الأزرق في (شجر البوغاز) الرقمية التفاعلية:

يعد (منعم الأزرق) من أهم المبدعين الرقميين التفاعليين الذين أثروا الساحة العربية بتجارب عدة، ومن أهمها (شجر البوغاز)، وسيتوقف الباحث عندها من خلال العناصر الآتية:

1 – موضوع (شجر البوغاز):

تعد مجموعة قصيدة (شجر البوغاز) الرقمية التفاعلية وثيقة تاريخية للأمازيغيين؛ إذ هي تأصيل وتأريخ لأهم حدث كوني في تاريخهم؛ «تتحدث القصيدة عن الزلازل التي أصابت المناطق والمدن التي تحيط بمضيق جبل طارق، والذي يرمز له في القصيدة بـ«البوغاز» من هذه الزلازل، ذلك الزلزال الذي أصاب مدينة طنجة في 2 أبريل عام 1972م»[18]، وليس غريباً على الشعر الرقمي التفاعلي تلك السمة الوثائقية؛ فالشعر قديماً وحديثاً هو ديوان العرب وغيرهم.

2 – الوسـائط المتعددة والروابط المتشعبة للواجهة الرئيسة لـ(شجر البوغاز):

بالبحث عن تلك القصيدة/ المجموعة الشعرية الرقمية التفاعلية، يجدها المتلقي على موقع (جوجل)[19]، وواجهة تلك المجموعة، كما بالشكل:

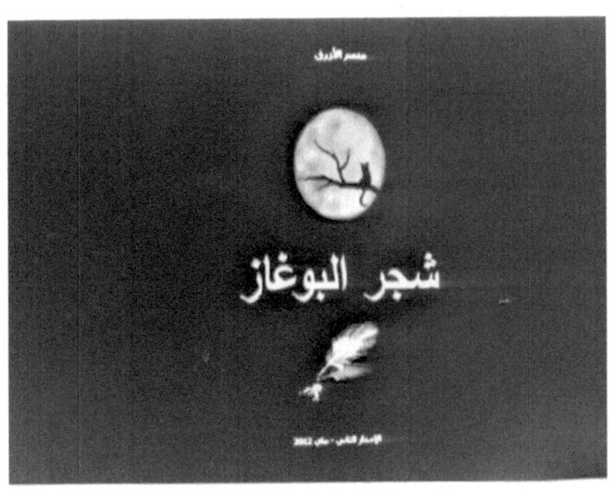

وبالتوقف عند واجهة تلك المجموعة، يتضح من الوسيط البصري، أن أعلى الواجهة (اسم المبدع: منعم الأزرق)، وتحته وسيط بصري ترابطي للوسيط البصري الرقمي التفاعلي لـ(هالة دائرية/ القمر)، يليها العنوان الرئيس للمجموعة (شجر البوغاز) بتشكيل تيبوجرافي سميك ليلفت انتباه المتلقي وسط تلك الوسائط، إلى أن أساس تلك الواجهة هو العتبة الرئيسة لعنوان المجموعة، ثم يردفه المبدع بوسيط بصري لأداة الكتابة (الريشة)، فهي إشارة إلى أن العمل الإبداعي الذي سيلجه المتلقي فيه إبداع مكتوب، وأخيراً يختم المبدع الواجهة الرئيسة للمجموعة بـ(تاريخ الإصدار وعدده: الإصدار الثاني – مايو 2012م)، وبهذا تكون الواجهة قد جمعت وسائط عدة تشير إلى أن هذا العمل غير تقليدي، فهو رقمي تفاعلي ومنظور وتفاعلي؛ فالواجهة جمعت بين المكتوب والمنظور والترابطي (وسائط بصرية للصور، لسانية للكلمات، رابط الدائرة)، كما تشير الدائرة البيضاء للواجهة الرقمية الرئيسة وفيها وسيط بصري لـ(غصن شجرة) ذابل جاف، وعليه (قطة) على غير العادة؛ إذ المعتاد أن (العصافير أو الحمام)

هي التي تسكن الأشجار، وبهذا يشير المبدع لأول وهلة من الواجهة الرقمية التفاعلية إلى استعداد المتلقي لشحذ ذهنه وإثارة انتباهه؛ ليكون المتلقي على استعداد لتلقي شيء غير طبيعي للواقع المعيش.

هذا إلى جانب توظيف المبدع لتقنية (الروابط التشعبية)؛ فالرابط الرئيسي بالواجهة الرقمية للدخول إلى قصائد المجموعة هو (الدائرة البيضاء/ القمر) الموجودة في بؤرة الواجهة الرقمية التفاعلية، والملاحظ أن لونها (أبيض) والشاشة الرئيسة للواجهة الرقمية للمجموعة (أسود) وكأن ذلك السواد الذي ظهرت به الواجهة فيه أمل وتفاؤل ينبعث من تلك الهالة الدائرية للقمر؛ فمهما حدث من زلازل ومصائب؛ فالشاعر يتخذ من الوسيط البصري (القمر) شعاع أمل وتفاؤل لمستقبل وطنه الذي يعيش فيه؛ وفي هذا إشارة إلى (استثارة المتلقي) لتتبع هذا الخيط التفاؤلي داخل القصائد.

وبالخروج خارج المجموعة إلى شريط الرابط بموقع (جوجل) يلاحظ أن جملة تعبر عن مضمون المجموعة كلها، وهي: (شجر البوغاز – صهيل حار لشمس تتقطر بالمعدن وبالشيء)، مما يعبر عن طبيعة المجموعة وحديثها عن الزلازل وغيرها، بلفظة (المعدن) فمكان استخراجه باطن الأرض، وفي هذا غموض وتغفيل للمتلقي ليكتشف سبب ذكر المبدع لكلمة (معدن).

وبعد الانتقال من الواجهة الرقمية الرئيسة، بالضغط على (الهالة الدائرية البيضاء) تنقل المتلقي إلى مجموعة أرقام في خلفية سوداء كالواجهة الرئيسة، تلك الأرقام مرتبة من (1 – 42) ومكتوبة بلون أبيض، تبدأ من اليسار وتنتهي إلى اليمين، كما بالشكل:

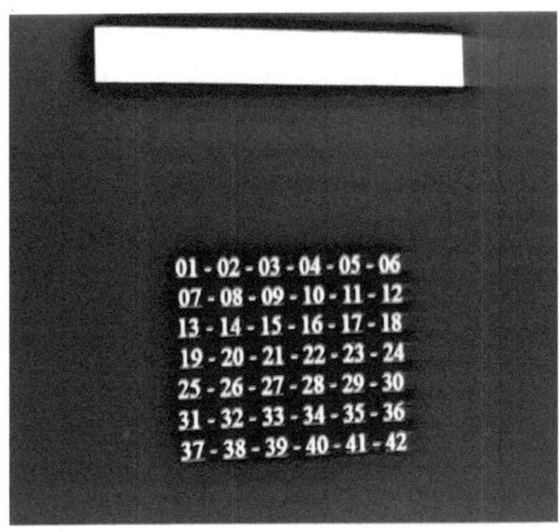

والملاحظ أن (الروابط التشعبية) مثلتها تلك الأرقام كلها؛ فعند الضغط على أي رقم، فإنه يحيل المتلقي إلى قصيدة رقمية تفاعلية، وفي كل قصيدة رابط تشعبي لـ(كلمة زرقاء اللون) بالقصيدة، عند الضغط عليها يتغير (اللون الأزرق) لها إلى (اللون الأحمر) لتحيل إلى تشعب آخر؛ فمثلاً عندما يضغط المتلقي على رقم (28) فإنه يحيله إلى الواجهة الرقمية التفاعلية الآتية:

الملاحظ على هذا الشكل، أنه حوى بين ثنايا كلمات القصيدة (الرابط اللساني التشعبي) لكلمة (دار) المكتوبة بلون أزرق؛ فهي تشير بلونها هذا إلى أنها (رابط تشعبي) قابل للتفعيل، كما يلاحظ أن الوسيط البصري بها هو ذاته الوسيط الرئيس للواجهة الرئيسة للمجموعة كلها، وأخيراً، فإن الوسائط البصرية متوافرة في كل القصائد بالمجموعة، إضافة إلى تنوع الألوان البصرية بتلك الوسائط، مما يتناسب دلاليّاً مع مضمون القصائد الرقمية التفاعلية.

هوامش الفصل الثاني:

1 – (الأدب الرقمي سـمة ومستقبل العصر): كتبه د. عبد الرحمن المحسني، نشر بتاريـخ 2019/10/28م، كان متاحاً ظهر السـبت 2021/10/30م، على موقع (ميدل إيست) على الرابط:

https://middle – east – online.com/%D8%A7%D9%84%D8%A3%D8%AF%D81 – %

2 – مر بالتمهيد تعريفه وخصائصه.

3 – (الأدب والتكنولوجيا: «القصيدة التفاعلية» عباس مشتاق أنموذجاً): د. فاطمة البحراني، مجلة (عود الند) (مجلة فصلية ثقافية)، العدد (18) 2007/11م. كان متاحاً 2021/10/26م، على الرابط: https://www.oudnad.net/spip.php?article2456

4 – التفاعل الفني الأدبي في الشـعر الرقمي «قصيدة: شـجر البوغاز أنموذجاً»: عايـدة نصـر الله، إيمان يونس، الينبـوع: مركز أبحاث اللغـة، المجتمع، والثقافة العربية، المعهد الأكاديمي للتربية بيت بيرل – ألمانيا، 2015م، ص48، 49، 51.

5 – على الرابط: http://imzran.org/digital/qasayid.htm

6 – القصيـدة التفاعليـة الرقمية قصيدة (الحب يتكلم كل اللغات): د. حمزة قريرة، على الرابط: https://www.litartint.com/

7 – القصيـدة بالمدونة، على الرابط: https://www.litartint.com/2018/11/blog – post_1.html

8 – شـعر التفعيـلات وقضايـا أخرى «دراسـة فـي خطاب مشـتاق عباس معن الشـعري»: د. عبد الله بن أحمـد الفيفي، دار الفراهيدي للنشـر والتوزيع، بغداد، الطبعة الأولى، 2011م، ص115 – 116.

9 – النص الأدبي من الشـفهية إلى الرقمية رؤية في المفهوم والمرجعية والآفاق النقدية: ص86.

10 – تعـدد الأصوات في الشـعر الرقمـي «لا متناهيات الجدار الناري لمشـتاق عبـاس» – عينة: إعـداد الطالبتين/ هاجر رحيم، منال طربـاخ، مذكرة متطلبات ماجسـتير (ماسـتر)، جامعة قاصدي مربـاح – الجزائر، كليـة الآداب واللغات، 2020م، ص15.

11 – تعـدد الأصوات في الشـعر الرقمـي «لا متناهيات الجدار الناري لمشـتاق عباس» – عينة: ص15.

12 – التفاعلية في «لا متناهيات الجدار الناري»: إعداد: إيمان ملال، نعيمة مقداد، مجلة (المدونة) – مخبر الدراسات الأدبية والنقدية بقسم اللغة العربية وآدابها، كلية الآداب واللغات – جامعة البليدة 2 – الجزائر، المجلد الثامن، العدد الرابع، أكتوبر – 2021م، ص4102 – 4103.

13 – الثقافـة الرقميـة وهندسـة العرض فـي قصيدة لا متناهيات الجـدار الناري لمشتاق معن: ص74.

14 – http://dr – mushtaq.iq/My – poetry – works/Interactive – digital/index/Num – 10/Num – 10 – .html?fbclid=IwAR3jOQ2U_DnS5byDWNYYryp50foqObAy_2LQGiYj3 – XVnypH4pN4Hxvxk6Y

15 – الثقافـة الرقميـة وهندسـة العرض فـي قصيدة لا متناهيات الجـدار الناري لمشتاق معن: ص77، 79، 80، 82.

16 – http://dr – mushtaq.iq/My – poetry – works/Interactive – digital/index/Num – 10/Num – 10 – .html?fbclid=IwAR3jOQ2U_DnS5byDWNYYryp50foqObAy_2LQGiYj3 – XVnypH4pN4Hxvxk6Y

17 – ويكيبيديـا: https://ar.wikipedia.org/wiki/%D8%AD%D9%86%D8%B8%D9%84%D8%A9

18 – التفاعل الفني الأدبي في الشـعر الرقمي «قصيدة: شجر البوغاز أنموذجاً»: ص65، والـذي دمر المدينة تدميراً شـبه كليّ، ثم توالت على المنطقة سلسـلة من الزلازل الأخرى أصابت طنجة والمدن المجاورة لها في الأعوام 1994م، 2004م، وراح ضحيتها أكثر من 600 ضحية: نفسه.

19 – http://imzran.org/digital/cajar/cajar.htm

الباب الثاني: الجزء التطبيقي:

مستقبل القصيدة الرقمية التفاعلية للعمود الومضة «وجع مُسن أنموذجاً»

الفصل الأول:

العمود الومضة بين الإيقاعية وشعرية اللغة في حضور الصورة الرقمية التفاعلية

المبحث الأول:

تشكلات البنية الإيقاعية الخارجية لقصيدة «وجع مُسن»

أولاً: التقنيات التجديدية للشعر الرقمي من ناحية المسمى (العدد):

إن أهم ما يقابل المتلقي في التجربة الرقمية التفاعلية عند د. مشتاق، أنه لم يورد قصائد كاملة في النسخة الرقمية التفاعلية، وإنما جاءت كلها في أنماط مقطوعات شعرية أو بيت مفرد، فالقصيدة بيت واحد أو مقطوعة ثنائية أو ثلاثية...، فلا تصل أي مقطوعة منها إلى حد اصطلاح (القصيدة) المعروف في التراث البلاغي القديم، فلا تجاوز ستة أبيات.

وهذه ميزة تجديدية لم يسبق إليها أحد قبل د. مشتاق حسب اطلاع الباحث، إلى جانب أن مجيء النسخة الرقمية التفاعلية لمجموعة (وجع مُسن) في صورة مقطوعات له دور كبير في تحقق التفاعلية للمتلقي مع القصيدة التي يطالعها؛ فهي تعلق في الذهن، ولا تستغرق وقتاً

منه، مما يدفع المتلقي إلى الإبحار في قصائد أخرى، وهذه السمة في النسخة التفاعلية بأكملها، وبهذا تعد تجربة د. مشتاق تجربة مقطوعاتية من الدرجة الأولى، تحت مسمى (العمود الومضة) الذي يتسم بكون قصائده أقل من سبعة أبيات؛ فعصر تكنولوجيا المعلومات عصر السرعة والانشغالات، فالمتلقي لا يفرغ وقتاً طويلاً من متطلبات الحياة، فكان مناسباً أن يتخير المبدع ما يتناسب وطبيعة العصر.

ثانياً: حضور الإبداع الخليلي في النسخة الرقمية التفاعلية:

ومن الملاحظ على الأوزان الشعرية للقصائد الرقمية التفاعلية لمجموعة (وجع مُسن) أن المبدع لم يخرج عن الأوزان الخليلية لقصيدة (العمود الومضة)؛ فكل المجموعة – وجع مُسن – جاءت عمودية؛ وهذه سمة من سمات العمود الومضة دون غيره من الأنماط الأخرى؛ إذ «يقتصر العمود الومضة على الشكل العمودي من أشكال النص الشعري، لكنه ينوع داخله، من دون أن يغادر أرضه؛ فهو جنس عمودي النسبة، وإن يظهر هوى تفعيليّاً أو نثريّاً من خلال ظهوره على الملأ بثيابهما وبنفخات من روحهما»[1]، ولهذا جاءت القصائد كلها على الأوزان الخليلية المعتادة في الشعر العربي القديم؛ ومن ثم، تصبح قصيدة العمود الومضة ضاربة بجذورها في أصالة الوزن وجدة الشكل؛ فالشاعر في تعبيراته اللفظية والمعنوية يكثف الألفاظ ويختزلها، فتجيء القصيدة الومضة في بيتين أو ثلاثة، كاملة الدلالة والوزن والتركيب، لا تخلو في كلٍّ من الإيقاعية الموسيقية

الداخلية والخارجية؛ فهي مكتملة الجدران، تامة الأركان. ولبيان تلك الأوزان، بالتوقف عندها بوقفة إحصائية للبحور الشعرية التي وردت عليها قصائد (العمود الومضة) لما للوزن من أهمية تتوقف على كون الكلام شعراً أم نثراً؛ «فالوزن أعظم أركان حد الشعر، وأولاها به خصوصية»[2]، فقصيدة العمود الومضة توغل في القدم وزناً وفي الشعرية نظماً.

يسمي الباحث القصيدة الرقمية التفاعلية بأول جملة منها أو شطر؛ فاسم الشيء يعرف بأوله؛ فالمبدع لم يقدمها معنونة للمتلقي؛ فهي مرتبطة بالنسخة التكنوورقية، وقد وردت البحور الشعرية التي جاءت عليها قصائد العمود الومضة الرقمية التفاعلية، كالآتي:

القصيدة الرقمية التفاعلية	البحر العروضي
يا مثخناً بالنأي	الكامل
العمر عود ثقاب	البسيط
عنيتك سيدي	الوافر
الصوت نجوى	الكامل
للكون من شفتيك عطر	الكامل
كدورة حباتها المسبحة	المتقارب
البعد والوجد والهجران	البسيط
اللامنتهى حدك	المتدارك (الخبب)
لا تغب...	الرمل
لو أن مفاتيح الصحارى	الطويل

ومن ضفتيك كلي	**الوافر**
أيها الراغب عنا	**الرمل**
حيث الضياء الأبلج	**الكامل**
على الرمش والأضلع	**المتقارب**
وجعي أسن من المدى	**الكامل**
خلت من ظله كل المرايا	**الوافر**
قفر رياضك لا تصحو سنابلها	**البسيط**
جف المدى ورؤاك ريق	**الكامل**
يا مالئاً سر هذي الأرض	**البسيط**
معي منك سر عصي	**المتقارب**
يا وارف القلب	**البسيط**

عند استقراء الأوزان الواردة بالجدول، يتضح أن أكثر البحور وروداً في قصائد (وجع مُسن) الرقمية التفاعلية هو (بحر الكامل)؛ إذ ورد في النسخة الرقمية التفاعلية (ست مرات) من جملة (عشرين قصيدة) رقمية تفاعلية؛ وهي نسبة ربع القصائد 25.3 % تقريباً من جملة قصائد مجموعة (وجع مُسن) وهذه طبيعة هذا البحر؛ فهو يرد بكثرة في الشعر العربي؛ إذ «يعد الكامل من بحور الطبقة الأولى، وهو يستعمل بكثرة على الشكل الأول والثاني، أما المجزوء فإنه يستعمل غالباً حسب الضرب المرفل: متفاعلاتن»[3]، ولكثرة وروده، فإنه يجيء «في المرتبة الثانية شيوعاً في الأشعار العربية»[4]، كما أن طبيعة العمود الومضة التكثيفية تتناسب معه؛ حيث إن (بحر

الكامل) يتسم «بجزالة وحسن اطراد»[5]، مما يدل على طبيعة العمود الومضة في قلة أبياتها ودقة تعبيرها لفظاً ومعنى.

وأما بحر (البسيط) فقد جاء في المرتبة الثانية وروداً بالقصائد الرقمية التفاعلية بعد (بحر الكامل)؛ فقد ورد بمجموعة (وجع مُسن) الرقمية التفاعلية (خمس مرات) من جملة قصائد المجموعة كلها (20) قصيدة، فهو يمثل 25 % (الربع) من جملة قصائد الديوان؛ وقد ورد كالمعتاد في أشعار العرب؛ إذ يجيء «بحر البسيط فهو في المرتبة الثالثة بعد الطويل والكامل»[6]، والغريب أن بحر (الطويل) لم يرد إلا (مرة واحدة) بقصائد المجموعة كلها؛ ولعل ذلك راجع إلى أن هذا البحر يرد بكثرة في القصائد الطوال؛ فقد جاء «ما يقرب من ثلث الشعر العربي القديم على وزنه»[7]، فتفعيلاته تتناسب مع طول النفس والإطناب، مما يتنافى وطبيعة قصائد (العمود الومضة).

كما أن بحر البسيط فيه سهولة وانسيابية وطلاقة، فالمعاني عذبة سهلة ليس فيها كلفة، وكأن الشاعر أراد أن يخفف على المتلقي من ناحية دقة المعنى وقلة الألفاظ، كل ذلك في تعبير سهل عذب طلق، لا يشعر المتلقي معه بسآمة أو ملل في أثناء الإبحار في مطالعته، إلى جانب كون القصيدة أقل من أبيات ستة، مما يعد تسهيلاً على المتلقي وتخفيفاً لأعباء واقعه المعيش الذي أحاطه بالأوجاع الكبرى التي ستجهز عليه، فهو (وجع مُسَنّ) كمدية حادة القطع؛ فأراد المبدع أن يراعي شعور المتلقي إزاء تلك الأوجاع.

وقد رصد الباحث ورود البحور حسب عدد مراتها، كالآتي:

البحر العروضي:	عدد مرات وروده:
الكامل	6
البسيط	5
الوافر	3
المتقارب	3
الرمل	2
المتدارك	1

ثالثاً: القافية الرقمية التفاعلية ورويها لمجموعة (وجع مُسن) العمود الومضة:

للقافية أهمية كبرى في كونها تطلع المتلقي على ما سيتكرر في الأبيات كلها؛ ولذلك؛ فإن «القافية حرف الرويّ الذي يبنى عليه الشعر، ولا بد من تكريره فيكون في كل بيت»[8]، ولكن لا ترد القوافي كلها على روي واحد، وإنما تتنوع حسب طبيعة الذوق؛ «فهناك حروف تصلح للروي فتكون جميلة الجرس لذيذة النغم سهلة المتناول، وبخاصة إذا كانت القافية مطلقة، من ذلك الهمزة والباء والدال والراء والعين واللام، بخلاف نحو التاء والثاء والذال والشين والضاد والغين؛ فإنها ثقيلة غريبة الكلمات، فكان اختيار الروي من مقاييس الشعر الدقيقة، ولا يخالف الجميل المألوف إلا سقيم الذوق أو متصنع»[9]، ولكي تتضح تلك السهولة والعذوبة وغيرها من المعاني الجميلة للقافية، فسيتوقف الباحث عند بعض نماذج أحرف الروي وعلاقتها بمضمون القصيدة الرقمية التفاعلية للعمود الومضة، كما يأتي:

عند تتبع الروي لقصائد (وجع مُسن)، وجد الباحث أن أكثر

الحروف وردت(رويّاً) هما حرفا: (الكاف، اللام) فقد ورد كل منهما ثلاث مرات في (ست قصائد) من جملة (21) قصيدة رقمية تفاعلية، وأما حرفا (التاء، الفاء) فقد ورد كل منهما مرتين بواقع (أربع قصائد رقمية تفاعلية)، وهذا يتناسب مع (الشعر العمودي التقليدي القديم)؛ في نسبة شيوع تلك الحروف رويّاً؛ فهناك «حروف تجيء روياً بكثرة وإن اختلفت نسبة شيوعها في أشعار الشعراء، وهي الراء والميم واللام والنون والباء والدال، إلى جانب حروف متوسطة الشيوع، وتلك هي: التاء السين والقاف والكاف والهمزة والعين والحاء والفاء والياء والجيم»[10]، وقد توافرت بعض منها كما ذكرت أعلاه.

ولربط دلالات تلك الأحرف بمضمون القصائد؛ فإن الأحرف الواردة (رويّاً) بكثرة تدل على ما يرنو إليه الشاعر ويؤكده في قصائده؛ فقافية (اللام) تتضح دلالتها من خلال نماذج تطبيقية، ومنها قصيدة (أيها الراغب عنا)[11]، وهي كما بالشكل السابق.

هذه القصيدة الرقمية التفاعلية جاءت على بحر (الرمل)، ورويها (اللام، لامية) ومن خلال نصها، يتبين أن دلالة حرف (اللام) في استخدامها بالقصيدة رويّاً وبعدها (ألف الإطلاق) يدل على التيه والحيرة، فلا يستطيع أن يدرك الشاعر ما يتمناه، ويؤكد ذلك من خلال الوسيط البصري الترابطي لسفينة الصحراء (الجمل) الموجود أسفل الواجهة الرقمية التفاعلية للقصيدة؛ وكأنه تائه في الصحراء لا يجد وسيلة تنقل، وهي في الصحراء (الجمل)؛ فيأمل من خلال كلماته (لا تطل نأياً) فيتمنى أن يجد وسيلة لهدايته، ولو حملته أوجاعاً، ومن ثم فإن (الروي) كان له دور بارز في الكشف عن مضمون القصيدة مع ما أكدته الوسائط البصرية والتشعبية.

- إيقاعية الموسيقى الحسية المصاحبة لبعض القصائد الرقمية التفاعلية:

يعد هذا النوع نمطاً جديداً سيدخله الباحث في مبحث الموسيقى هنا؛ فهذه سمة تجديدة في الشعر الرقمي التفاعلي لم تكن قبلاً في الشعر العمودي التقليدي؛ وقد اتخذها المبدع مصاحبة لبعض القصائد الرقمية التفاعلية، وسيحاول الباحث التوقف عند بعض النماذج؛ ليرصد العلاقة بين النغمات الموسيقية الحسية وإيقاعية

المعنى الشعري (لو أن مفاتيح الصحارى بقبضتي)[12]، فهي موسيقى تحاكي مجلس (حكاء) يحكي حكاية؛ فأنغام الموسيقى تشويقية، وغيرها من النماذج التي سيذكرها الباحث لاحقاً في مبحث الوسائط السمعية بالتفصيل.

- الإيقاعية الموسيقية للتصريع الشعري الرقمية التفاعلية:

لقد صرع الشاعر القصائد التكنوورقية؛ وكذلك القصائد الرقمية التفاعلية المقابلة لها، وعددها (21) قصيدة، وهذه سمة لم تكن متوافرة في الوسيط الورقي التقليدي، مما يجعل تلك التصريعات سمة تجديدية في مرحلة التكنوورقية التي جمعت بين دفتيها قصائد واكبت تطور العصر التكنولوجي، ليس على مستوى المضمون فحسب، وإنما على مستوى البنية التركيبية أيضاً.

ومن السمات التجديدية في الشعر الرقمي أن المبدع اتخذ من التصريع أساساً لبداية كل قصيدة رقمية تفاعلية، وكأن نغمات الموسيقى التصريعية للحروف تتناسق متوازية مع الوسيط السمعي للواجهة الرقمية التفاعلية في أثناء عرض القصيدة الرقمية التفاعلية، وفي هذه مناسبة جمعت بين الحرفي المكتوب والصوتي المسموع، وهذه لمسة إبداعية من المبدع للمتلقي، مما يشعر المتلقي بجوّ موسيقي ذي أشجان، تتدفق نغمات الوسيط السمعي الموسيقي مع تصريع الكلمات لتدفع بالمتلقي نحو الأمام بالإبحار، وفي هذا وسيلة تجديدية تخص المتلقي، مع اعتبار أن التصريع أساس في الشعر منذ القدم، لكن المبدع أكد تلك الموسيقية التصريعية في كل مطلع غالباً،

مما يعد تجديداً غير معتاد في القصيدة العربية القديمة في عصر الشفاهية والورقية؛ فلم يعثر الباحث على شاعر صرّع مطالع ديوانه كله، مثلما فعل المبدع هنا.

ومن النماذج الشعرية الرقمية التفاعلية المصرعة، مطلع القصيدة (لو أنَّ مفاتيح الصحارى)[13]، وهي كما بشكلها الرقمي التفاعلي، كالآتي:

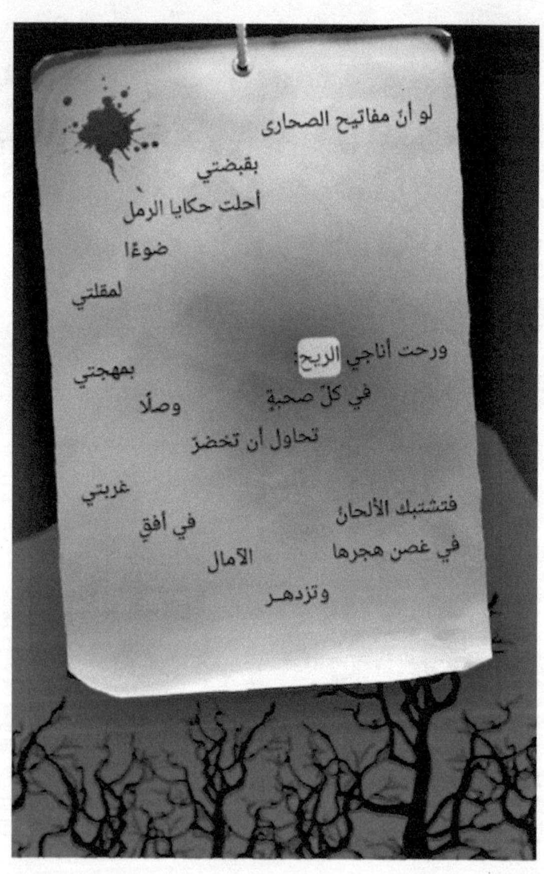

لو أن مفاتيـــح الصحارى بقبضتي

أحلت حكايا الرمل ضـــوءاً لمقلتي

جاء مطلع القصيدة التائية مصرعاً في صورة مجازية مبتكرة؛ فيصور الشاعر الصحراء وكأنها باب له مفاتيح، يود الشاعر أن يتخذها وسيلة للسيطرة على تلك الصحراء الفسيحة ليجعلها بقبضته شعاع أمل يضيء حياته، فيبصر الأشياء بمقلتيه بصورة حسنة، بعدما صار كل شيء في حياته ميئوساً منه، وقد عبر عن تلك الأمنية وذاك الأمل، بتصريع المطلع؛ فالكلمتان (بقبضتي، لمقلتي) مصرعتان؛ إذ هما على وزن واحد (فَعْلتي، فُعْلتي)، مع اتفاقهما في حرف القافية (التاء) فكلتاهما مضافتان إلى ياء المتكلم، وبهذا تتشاكلان وزناً وقافية وإضافة، ودور الكلمتين المصرعتين بارز في المطلع؛ فالصحارى إذا تحققت وصارت لها مفاتيح فسيكون مصدر تحريك تلك المفاتيح (القبضة)، وقد عبر بـ(القبضة) دون (اليد) في تصريعه؛ ليثبت شدة إحكامه إذا تحقق مراده المجازي إلى حقيقة، مما يبرهن على قوة الأمل وغليان العاطفة في التشبث بأي وسيلة تخلصه من واقعه، في الرغبة في تغيير الواقع المعيش بما فيه من أوجاع وآلام؛ لكنه لا يستطيع؛ فيتخذ من الشعر وسيلة لتفريج آماله وطموحاته على صفحات الإبداع؛ فمعلوم أن امتلاك مفاتيح الصحارى محال، لكنه ألم يحدوه أمل في التغيير نحو السعادة والفرح، وفي هذا كله تتحقق الابتكارية والتجديد في الصورة الرقمية التفاعلية، وقد اتخذ المبدع لها التصريع وسيلة لنسج خيوطها؛ فطرفا الصورة المبتكرة هما الكلمتان المصرعتان.

المبحث الثاني:

شعرية اللغة الشعرية الرقمية التفاعلية لمجموعة «وجع مُسن»

أولاً: شعرية عتبة العنونة:

تعد العنوانة بوابة رئيسة للنصوص؛ فلولاها ما استطاع المتلقي أن يلج القصيدة، ولهذا «تكمن أهمية العتبات في كون قراءة المتن تصير مشروطة بقراءة هذه النصوص؛ فكما أننا لا نلج فناء الدار قبل المرور بعتباتها، فكذلك لا يمكننا الدخول في عالم المتن قبل المرور بعتباته»[14]؛ وبالتوقف عند عتبات العنوان لمجموعة (وجع مُسن) ينبغي أن يعرج الباحث على دالة العنوان وربطه بمضامين القصائد، وذلك للتوقف مع تخير ألفاظ العنونة دون غيرها، إلى جانب بيان المضامين التي بثها الشاعر في عنوانه الرئيس للمجموعة؛ لتكون شعاع دلالة يهتدي المتلقي من مطالعتها إلى فهم بعض الأفكار التي ستجيء داخل القصائد، ومن ثم، «لا يمكن أن يتحقق النص دون الإنجاز اللغوي، لذلك فإن العنوان منجز لغوي له مفرداته وتراكيبه

التي تصاغ في عبارة وشكل خاص تعطي صورة لغوية ملائمة لـه»[15]، ولكي تتضح تلك المهمات العتباتية للعناوين ومضامين قصائدها المتعلقة بها وتأكيد الوسائط المتعددة والروابط المتشعبة لهذا كله، فسيتوقف الباحث عند كل منها، كما يأتي:

1 – شـــعرية عتبة الواجهة الرقمية للموقـــع: قصيدة (وجع مُسن):

يعد اسم الواجهة الرقمية التفاعلية لتلك القصائد إحدى التجديدات لدى د. مشتاق؛ فقد أسماها (قصيدة وجع مُسن) ولم يسمها (مجموعة وجع مُسن)؛ وذلك لأن القصيدة الرقمية التفاعلية لا تكتمل ولا يمكن للمتلقي أن يبحر في الموقع إلا بالدخول من شفرة (الباركود) النسخة الورقية؛ ومن ثَمَّ، فإنَّ القصيدة لا يمكن أن تستقلَّ في إحدى النسختين باسم (قصيدة) وحدها، وإنما يكتمل مضمون القصيدة بالإبحار من النسخة الورقية للولوج إلى النسخة الرقمية المكلمة لتلك القصيدة الورقية، ومن ثم، يمكن إطلاق اسم (قصيدة) للواجهة الرقمية؛ فقد اكتملت بالورقية قبلها، وبذلك تكون القصيدة معادلة طرفاها، كالآتي:

(النسخة الورقية + الرقمية التفاعلية = قصيدة)

وبذلك سمى د. مشتاق القصائد الرقمية التفاعلية كلها (قصيدة).

كما يلاحظ أيضاً أنّ المبدع استخدم مفردة للواحد (قصيدة) لا جمعاً (قصائد)؛ فكل قصيدة ورقية لا تكتمل معانيها إلا بالرقمية التفاعلية، فلا يمكن أن يسمي النسخة الرقمية التفاعلية (قصائد)

لعدم اكتمالها مضموناً إلا بالتكنوورقية، وكذلك لا يمكن تسميتها (مجموعة)؛ لأنها أبعاض قصائد، لا قصائد مستقلة؛ طالما تعلقت بالتكنوورقية معنًى.

2 – دلالة عتبة عنوان الواجهــة الرقمية التفاعلية لـ(وجع مُسن):

يكتشف المتلقي دلالات عدة من تلك العتبة (وجع مُسن) حينما يدخل إلى واجهة القصائد؛ فالوسائط البصرية لا تنبي عن فرح أو أمل، وإنما تكشف عن الذبول والأفول واليأس؛ فهي وسائط بصرية – غالبها – لأشجار لا أوراق فيها، وكأنها (رجل مسن) أحس باليأس والألم في نهاية العمر؛ فضعف الجسد واقترابه من الموت، مع ما يعانيه في الحياة من هموم ومشكلات؛ فلم تتركه كلاكل الدهر حتى في مشيبه.

وتتضح دلالة العنوان من خلال ربطه بالقصائد الورقية والرقمية، ومن ذلك قصيدة العمود الومضة التي أولها (وجعي أسنّ من المدى) [16]، فقد صدر المبدع مطلع تلك القصيدة بالعتبة الرئيسة لعنوان مجموعته الرقمية (وجع مُسن) وبهذا يتحقق التوازي الدلالي والتماثل اللفظي بين المطلع وعنوان المجموعة؛ فالشاعر يؤكد ما أصابه من هموم وأحزان تلاحقه وكأنها مُدى حادة لا تنتظر ولا تنذر؛ وتلك المعاني، جاءت في المطلع، كما بالشكل الرقمي التفاعلي الآتي:

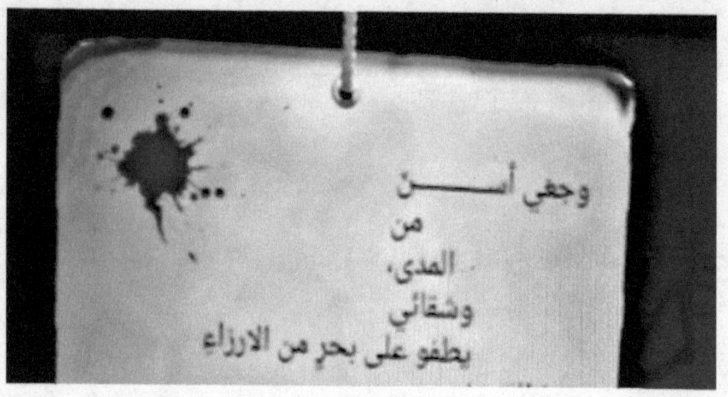

ولذلك فإن جاءت الفكرة العامة لتلك القصيدة حول ما يعانيه الإنسان من أوجاع وآلام في حياته، فيصورها الشاعر بصورة حسية حركية، وكأن تلك الأوجاع أشد فتكاً به من سكّين حاد؛ ليس هذا فحسب! وإنما تطفو آثار تلك الأوجاع شقاء ويأساً، وفوق هذا كله، فعمُره في شقاء وهمّ ويأس، إضافة إلى كثرة الهموم والأحزان التي صارت بحراً في كثرتها وتنوعها وما تحدثه من اضطرابات في حياته.

وقد لعبت (الوسائط البصرية) الساكنة الثابتة في نهاية كل قصيدة دورها في الكشف عن شفرات (الأوجاع والآلام) للفكرة العامة لهذه المجموعة الرقمية، لتؤكد تلك المعاني التي سيطرت على جوانية الشاعر، وأهم وسيط بصري مكرر في القصيدة الرقمية التفاعلية، هو وسيط (الدماء الحمراء الدائرية المتشظية التي اسودت)، فدلالة (السواد) في هذا الوسيط البصري تدل على شدة الأحزان واليأس والهمّ والوجع الذي يعانيه الشاعر؛ فكل المجموعة لا تخلو من تلك الأوجاع؛ ولذلك جاء هذا الوسيط مثبّتاً في نهاية كل قصيدة، أعلاها

أو أسفلها، فقد أحاط الوجع بالشاعر من كل جانب، مما وسم جوانيته بالظلام الحالك، هموماً وأوجاعاً وأحزاناً.

3 – شعرية عتبات القصائد بين التكنوورقية والرقمية التفاعلية:

بالمقارنة بين النسخة التكنوورقية لمجموعة (وجع مُسن) وقصائد الواجهة الرقمية التفاعلية، يمكن رصد التشاكل والتباين بينهما، ومن الأمثلة التطبيقية لذلك قصيدة (شريعة العاطلين) التكنوورقية التي يقابلها بالواجهة الرقمية قصيدة مطلعها (للكون من شفتيك عطر) [(17)]، هذه هي القصيدة التي تقابل المتلقي حال إبحاره من القصيدة الرابعة التكنوورقية، والملاحظ أن هناك تشاكلاً وتبايناً بين النسخة التكنوورقية وواجهة القصائد الرقمية التفاعلية.

4 – شعرية تصدير القصيدة التكنوورقية والرقمية التفاعلية:

إن أهم ما يثير انتباه المتلقي ويجذب انتباهه، ويدفعه إلى القراءة نحو الأمام، ما يتخذه الشعراء من تصديرات لقصائدهم؛ إذ ترجع أهمية التصديرات إلى المتلقي للعمل الإبداعي؛ فلولا المتلقي ما جعلت التصديرات؛ حيث إن «الوظيفة المركزية السعي إلى تنبيه القارئ وتوجيهه وإخباره بأصل الكتاب وظروفه ومراحل تأليفه ومقصد مؤلفه، وهي ما تسمى بـ(استراتيجية البوح والاعتراف)» [(18)].

كما أن التصديرات لها دور بارز في فهم الإبداع من ناحيته بدايته

ونهايته، إضافة إلى «وظائف التصدير؛ فالتصديرات تختزل مقدمة النص المقدَّم له وتُكثِّفه، دون أن يعني ذلك أن قراءتها قد تغني عن قراءة المتن، بل إن قراءة المتن تصير مشروطة بقراءة المقدمة»[(19)]، ولهذا اتخذ المبدع في مجموعة (وجع مُسن) التصديرات سمة أساسية بالمجموعة في صورتها التكنوورقية، ولم يصدر قصائد الواجهة الرقمية التفاعلية، وكأن ما ينتظره المتلقي في النسخة التكنوورقية قبل كل قصيدة هو التصدير اللغوي بالوسائط اللغوية للكلمات، هو ذاته الوقت الزمني الذي يقابله بالواجهة الرقمية التفاعلية (وقت التحميل)، فهي تماثل تشاكلي زمني للمتلقي حال ولوج القصائد بالمجوعة في واجهتيها التكنوورقية والرقمية التفاعلية، وسيتوقف الباحث عند نوعين من التصديرات لمجموعة (وجع مُسن) بصورتيها التكنوورقية والرقمية التفاعلية، من خلال ما يأتي:

5 – شــعرية تصدير القصيدة التكنوورقية والرقمية التفاعلية بالوسائط البصرية:

لقد أكسب الوسيط البصري الشعري الرقمي التفاعلي سمة تفاعلية للمتلقي لم تكن قبل ذلك في النصوص الورقية؛ فمجرد دخول المتلقي إلى الواجهة الرئيسة للمجموعة، لا بد أن ينتظر وقتاً (وقت التحميل) للواجهة، بعد الضغط على اسم المجموعة بواجهة (تجربة د. مشتاق فيتخير اسم المجموعة (وجع مُسن)، ثم ينتظر تحميل واجهة الموقع، وبعد تحميلها يضغط عليها، ليدخل إلى الشاشة التمهيدية التي تخلو من الكلمات؛ فهي مجرد وسائط بصرية ثابتة أو متحركة، فيظل

يبحث عن رابط القصيدة الرئيس فيما بينها، فيضغط عليه، ثم تظهر القصيدة الرقمية التفاعلية، بخلاف الوسيط البصري بالقصيدة التكنوورقية؛ فالمتلقي يلج النص مباشرة بالقراءة الخطية، دون وقت انتظار (تحميل) ليعطي للمتلقي دوره في التفاعلية التي لم تكن قبلاً في النصوص التقليدية.

ومن ثم، فانتظار المتلقي لوقت (التحميل) أو تخيره للرابط المناسب من بين وسائط الشاشة التمهيدية قبل ظهور نص القصيدة، يعد (تصديراً وسائطيّاً) لا كتابياً.

ولكي تتضح هذه السمة، لا بد من التوقف عند بعض نماذج القصائد في الواجهتين: التكنوورقية والرقمية التفاعلية؛ فكلتا النسختين مصدرة بـ(وسيط بصري) قبل النص الشعري؛ ففي النسخة التكنوورقية صدر الشاعر قصيدة (شريعة العاطلين) بالوسيط البصري الآتي[20]:

وفي الواجهة الرقمية المقابلة لقصيدة (شريعة العاطلين) صدر الشاعر القصيدة الرقمية التفاعلية بالوسيط البصري الآتي[21]:

فالوسيط البصري للنسخة التكنوورقية (صورة عين) حتى وإن كانت غير واضحة الملامح؛ فإنها ترمز إلى الأمل بالتذكر وعدم النسيان، بالوفاء لما كان من حسن عهد، وكذلك الوسيط البصري الرقمي التفاعلي بوسيطه البصري لـ(الشجرة المتساقطة الأوراق)، لكنها وميض أمل ثابتة الجذور ولن تقلع؛ فكل جميل لا ينسى، فأصله ثابت وفرعه في السماء رغم أنه بلا أوراق؛ فالوطن للإنسان أصله وفصله. إلا أن الوسيط البصري بالنسخة التكنوورقية غير قابل

للتفعيل، فلا يحيل المتلقي إلى شيء، بخلاف الوسيط البصري الذي يحيل المتلقي إلى النص الشعري للقصيدة الرقمية التفاعلية مباشرة.

هذا إلى جانب تصدير المبدع القصائد التكنوورقية بـ(الوسيط اللغوي/ اللساني للكلمات) بخلاف القصائد الرقمية التفاعلية التي لم يصدرها المبدع بأي وسائط لغوية بالكلمات، وإنما ولج النص الشعري مباشرة، فالقصائد التكنوورقية كلها صُدِّرت بوسيط كتابي لساني قبل كل قصيدة، ومن الأمثلة التطبيقية تصدير القصيدة التكنوورقية (شريعة العاطلين) بجملة: (فاحفظ ودادَك، تكن مُشرقاً كالسرور)[22]، فالنص التكنوورقي ينبه الإنسان إلى الوفاء في وده، ويحذره من النسيان له، حتى وإن نسيناك في الود، فلا تعاملنا بالمثل، فزرنا ولو مرة، فما سبب نسياننا إلا الوجع، وبزيارتك سيزول ألمنا، وفي هذا دلالة على أن الوصال في الودّ لا ينقطع لمجرد أن قطعك صديقك، فصلْه وواصلْ ودَّك له، فلعلَّ زيارةً أو سؤالاً تجعله سعيداً فرحاً، هذه السعادة تتأكد أكثر في النسخة الرقمية التفاعلية، وفيها ينصح الشاعر المتلقي، بأن يحقق سبب السعادة، بأن يكون ودوداً؛ لأن الوداد سيجعلك سعيداً، ليس في جوانيتك فحسب، وإنما سيتهلل وجهك ويشرق سعادة وسروراً، ولو لم يكن في الكون كله إلا أنت، لدرجة أنك لو ناديت ما وجدت أحداً، فأبقِ على ودادك وإن لم تجد واحداً في الكون كله إلا أنت.

وبولوج الواجهة الرقمية التفاعلية المقابلة لقصيدة (شريعة العاطلين)، نجد أن القصيدة الرقمية التفاعلية تبدأ بالمطلع مباشرة دون عنونة للنص؛ كما بالشكل الآتي:

لكنها ترتبط في مطلعها بالتصدير الوارد بالقصيدة التكنوورقية، فقد بدأها بقوله (يا وارف القلب أشعل وجهك الأملا) فيحث المتلقي في مطلعها الرقمي التفاعلي على الأمل والطموح والاعتراف بالماضي وعدم نسيانه، فالأيام التي مرت على أوطاننا سيكون مستقبلها أفضل، فإياك والعاطلين الذين يعبثون في البلاد والأوطان تخريباً وإسقاطاً وتعطيلاً، فعبر عن ذلك بالسواد الكائن بالشاشة الرمقية التفاعلية، فالوفاء الوفاء، بروح الأمل، ويؤكد هذه المعاني (الوسيط البصري للشجرة) الكائنة أسفل شاشة الواجهة الرقمية للقصيدة الرقمية التفاعلية.

والشاعر في هذه القصيدة الرقمية التفاعلية يود المحافظة على الوصال والوفاء بما كان من ود وتذكر، بقوله في ختام القصيدة

الرقمية التفاعلية، بقوله (كي تشرق بين الحور والعين) فوظف التناص الديني للفظ (الحور العين) لتدل على ما تتصف به من جمال ووصال لأزواجها في الجنة، فالشاعر يود أن يكون المرء وفياً لوطنه وأرضه التي يعيش بها ولا ينسى أيامه التي قضاها على أرضها، فعبر عما يكون بين العاشقين، بما يوده من المواطن لوطنه وفاء وصيانة وتعميراً.

كل هذه المعاني جاءت بالقصيدة الرقمية التفاعلية، رغم أن الشاعر لم يعنون ولم يصدر لأي قصيدة رقمية تفاعلية بالمجموعة كلها، وهذا تباين بين نسختي المجموعة؛ فالتكنوورقية لا تعبر عما تريد إلا بتصديراتها، بخلاف القصيدة المقابلة لها في النسخة الرقمية التفاعلية التي تعبر بوسائطها المتعددة وروابطها المتشعبة عن المراد، وكان الشاعر قد اكتفى بتلك الخصائص الرقمية التفاعلية عن التصدير بالكلمات؛ فالكلمة لم يعد لها الصدارة الأولى في النصوص الرقمية التفاعلية.

ثانياً: التشاكل والتباين التكنوورقي والرقمي التفاعلي:

إن تسمية اصطلاح (التشاكل والتباين) دخيلة على حقل الدرس الأدبي أو النقدي؛ فقد «نقل (كريماس) مفهوم التشاكل من ميدان الفيزياء إلى ميدان اللسانيات»[23]، وقد عرف القدماء مضمونه دون اصطلاحه المعاصر؛ إذ لا مشاحاة في الاصطلاح، فاستخدمه البلاغيون القدماء تحت مسمى (الترادف)؛ ولذلك فهو «تنمية لنواة معنوية سلبياً أو إيجابياً بإركام قسري أو اختياري لعناصر صوتية

ومعجمية وتركيبية ومعنوية وتداولية ضماناً لانسجام الرسالة»[24]، ومن ثم، فالتشاكل هو التشابه أو التماثل، سواء أكان من ناحية الألفاظ أو المعاني، صرفاً أو نحواً أو وزناً.

وكذلك مصطلح (التباين) الذي عُرف قديماً بأسماء عدة، فقد «استُعمل قديماً تحت مسمّيات أخرى، كالخبر والإنشاء والطباق والمقابلة، إلا أن نظرة المعاصرين إليه في إجرائه التطبيقي صارت متوسعة، ويتجلى تحليليّاً في (الخبر والإنشاء/ الجملة الاسمية والفعلية/ الخطاب والغيبة/ الإثبات والنفي/ النهي والأمر/ الشيء ومقابله)»[25]، ومن ثم، سيتوقف مع التشاكل والتباين على الألفاظ والمعاني نحويّاً وصرفيّاً ودلاليّاً... في النسختين (التكنوورقي والرقمي التفاعلي) معاً، وما يقابلهما بتشاكلهما وتباينهما مع الوسائط المتعددة: الحركي، البصري، السمعي....

من تلك النماذج التطبيقية بين القصيدة التكنوورقية (الأضداد ثانية) والقصيدة التي تقابلها بالنسخة الرقمية التفاعلية: قصيدة (الأضداد ثانية) وما يقابلها في النسخة الرقمية التفاعلية قصيدة مطلعها (يا مالئاً سر هذي الأرض)[26]؛ ففي القصيدة التكنوورقية (الأضداد ثانية) يقول الشاعر:

«لأنك وحدك:

الألم الجريح

فإنك وحدك:

الأمل الذبيح

ستبقى بين

هذين

ابتكاراً

وإن هبَّتْ

على

الحدَّيْنِ

ريحُ»[27].

أ – تشـــاكل تيبوجرافـــي لكتابـــة القصيـــدة التكنوورقية مع مضمونها:

لقد كتبت القصيدة التكنوورقية في تشكيل تيبوجرافي متعرج تنازلي إلى أسفل؛ فهو يتشاكل مع دوال القصيدة للكلمات: (ألم جريح، أمل ذبيح، وحدك)؛ فهما يدلان على الانكسار والحيرة واليأس.

ب – التشـــاكل الصرفي والتباين الدلالي بيـــن ألفاظ القصيدة التكنوورقية:

لقد توافر التشاكل الصرفي في هذه القصيدة، وهي متمثلة في (ألم، أمل) و(جريح، ذبيح)، فالكلمتان (ألم، أمل) كلتاهما على وزن (فَعَل) بفتح عين الفعل، والكلمتان (جريح، ذبيح) على وزن (فعيل)

ومتشكلتان معنى، فهما بمعنى على وزن واحد: (فعيل بمعنى مفعول: (جريح: مجروح) و(ذبيح: مذبوح)، ورغم هذا التشاكل اللفظي والمعنوي وزناً، إلا أن هناك تبايناً معنويّاً بين الكلمتين (ألم، أمل) فهما متضادان، مما يؤكد حيرة الشاعر وألمه من واقعه الذي صار فيه أمله جريحاً ينبض أوجاعاً ويأساً، لكنه يظل متحملاً تلك الجراح، باقياً في وطنه، آملاً لشعاع تلك الآلام الجريحة.

جـ - تشاكل بصري للقصيدة التكنوورقية مع مضمونها:

لقد صدر الشاعر القصائد التكنوورقية بالوسائط البصرية، ومن ذلك القصيدة التي بين أيدينا، وبالتوقف عند وسيطها البصري الآتي[28]:

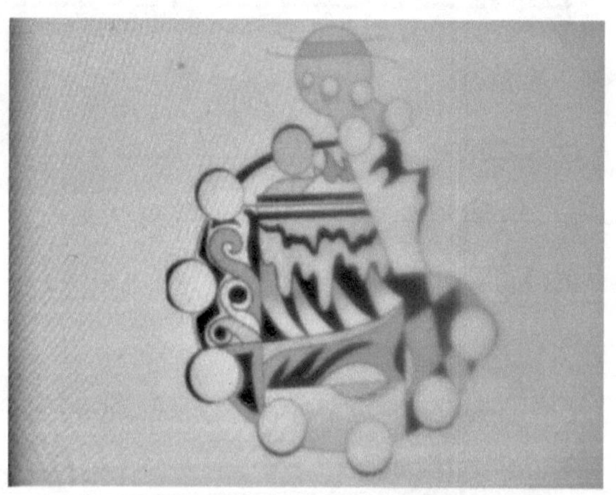

- التشـــاكل والتباين للنص التكنوورقـــي والرقمي التفاعلي المقابل:

من خلال هذين الوسيطين البصريين، يتشاكل كل منهما مع

الآخر؛ فالوسيط البصري للقصيدة التكنوورقية وسيط (عيون بيضاء) كثيرة ملتفة حول نار ملتهبة بها ألوان سوداء ونار مشتعلة؛ فالعيون البيضاء بلونها تشير إلى التفاؤل رغم وجود ذلك النهار، وهذا التفاؤل لذلك الوسيط التكنوورقي يتشاكل مع وسيط (الهلال، القمر) الذي يظهر بواجهة القصيدة الرقمية التفاعلية.

إضافة إلى أن الأسطر الشعرية التكنوورقية فيها تشاكل حرفي مع مطلع القصيدة الرقمية التفاعلية؛ فكلاهما يبدآن بقسم واحد ينتمي إلى أقسام الكلمة في النحو العربي: (اسم، فعل، حرف)؛ فالقصيدة التكنوورقية بدأت بحرف، وهو حرف التعليل (اللام) في كلمة (لأنك) وكذلك النسخة المقابلة للقصيدة الرقمية التفاعلية بدأت كذلك بحرف (يا) الدال على النداء.

كما أن هناك تبايناً لفظيّاً بين القصيدتين؛ وذلك من ناحية أنواع الجملة التي بدأت بهما القصيدتان؛ فالتكنوورقية بدأت بجملة اسمية (لأنك وحدك)، أما الرقمية التفاعلية فبدأت لفظيّاً بجملة (اسمية)؛ لأن حرف النداء لا يكون إلا مع الأسماء، لكنها في النهاية جملة استدعائية بمعنى (أنادي مالئاً سر هذي الأرض).

وقد أكد الشاعر وحدانيته البشرية بالتشاكل الدلالي في القصيدة التكنو رقمية والرقمية التفاعلية؛ ففي القصيدة التكنوورقية، عبر عن ذلك بصيغة الحالية (وحدك) تأكيداً على وحدته وغربته ووحشة ما يعانيه في صدره، ثم اتخذ من التباين (الألم، الأمل) خبراً مكرراً، ليرسم صورته الوجدانية الجوانية، فهي بين (ألم، أمل) لا ثالث لهما، وفي هذا توتر وقلق نفسي واضطراب لما يعانيه من ذلك الموقف العصيب، وبهذا يتأكد ضعف نفسية الشاعر من خلال (القافية الحائية) التي تكشف بإشاراتها الصوتية عن الضعف والخور واليأس وشدة المُصاب. كل هذا يشاكله مضمون القصيدة الرقمية التفاعلية من خلال الوسيط البصري الترابطي التشعبي للـ(قمر)، إذ فهو السائرين التائهين ليلاً، وقد عبر عنه الشاعر بألفاظ تكشف عن كنهه، كما في لفظ (النور) و(تهدي) و(السائرين)، إضافة إلى الوسيط البصري للـ(قمر) ذاته بشاشة الواجهة الرئيسة للقصيدة، فيقول فيها: (يا مالئاً سر هذي الأرض) فكل هذا يؤكد وحدانيته التي جعلته وحيداً فريداً يحتاج في واقعه المؤلم إلى من يأخذ بيده نحو الأمام ليتخلص من أوجاع حاضره.

المبحث الثالث:
الصورة الشعرية الرقمية التفاعلية

1 - سمة التوزيعية في الصورة الشعرية الرقمية التفاعلية:

لقد اتسمت الصورة الشعرية في الأدب الرقمي التفاعلي بالتشعبية في مجموعة (وجع مُسن)؛ فالصورة الشعرية أضحت عند د. مشتاق في تلك المجموعة موزعة بين النسخة التكنوورقية والنسخة الرقمية التفاعلية، بخلاف الوسيط الورقي فيما قبل الأدب الرقمي؛ فقد كانت الصورة الشعرية تكتمل عناصر بنائها في الوسيط الورقي، أما في عينة الدراسة التي بين يدي الباحث، فقد استحدثت مستجدات في طريقة عرض الصورة الشعرية، فلا تكتمل الصورة إلا بالمرور بالنسختين التكنوورقية والرقمية التفاعلية؛ تنفصل الألفاظ والمعاني؛ كل في وسيطه الخاص به؛ فالورقية لها قصائدها، والرقمية كذلك، ولكن بتقنية (الباركود) يمكن التنقل بينهما؛ فلا يمكن أن تنفصل إحداهما عن الأخرى؛ إذ بالنسخة التكنوورقية والرقمية تكتمل الفكرة الرئيسة منهما معاً، فلا يمكن تحليل إحداهما منفصلة عن الأخرى، وتكون بداية القراءة النقدية للقصائد من النسخة التكنوورقية أولاً، ثم

الإبحار في النسخة الرقمية التفاعلية عبر الباركود من خلال الرابط الذي يحيل المتلقي إلى تتمة النسخة التكنوورقية إلى شاشة الواجهة الرقمية التفاعلية للقصيدة المتممة.

2 - خفوتية بعض ألفاظ الصورة الشعرية الرقمية التفاعلية:

وظف المبدع في كل قصيدة رابطين لكلمتين خافتتين داخل القصيدة، هاتان الكلمتان في حد ذاتهما رابط لا يحيل إلى غيره، وإنما رابط صامت ساكن، فلا تظهر تلك الكلمتان للمتلقي إلا إذا ضغط عليهما، ففعلهما، ولذلك لا يستطيع المتلقي أن يفهم المراد من قول الشاعر إلا إذا فعلهما، وإلا فستظل الصورة الشعرية ناقصة المعنى، بخلاف شعر ما قبل الرقمي، الذي كانت فيه كلمات الأبيات كلها ظاهرة واضحة مكتوبة للمتلقي غير خافتة، وفي هذه السمة التجديدية للشعر الرقمي بخفوت بعض الكلمات وعدم وضوحها إلا بالضغط عليها، يمنح تحفيزاً للمتلقي لاكتشاف تلك الكلمات ومعرفتها، حتى يستطيع فهم البيت أو السطر الشعري الرقمي، وإلا صار المعنى غامضاً؛ فتفاعلية المتلقي مع الكلمات الخافتة هي السبيل إلى فهم تلك الصورة الشعرية الرقمية التفاعلية، وهذا لم يكن معتاداً قبل الشعر الرقمي التفاعلي.

3 - تيبوجرافية الصورة الشعرية الرقمية التفاعلية:

لقد اعتاد المتلقي أن يقرأ القصيدة الشعرية القديمة في صورة

خطية أفقية، إلا أن الأمر تغير مع مستجدات الأدب الرقمي، فصارت القصيدة بأسطرها أو أبياتها في صورة رأسية أو سفلية أو علوية على هيئة تدريج، وهذه سمة تجديدية في تلقي القصيدة الرقمية التفاعلية؛ إذ تعد سمة (اللاخطية) إحدى الخصائص الرئيسة للأدب الرقمي؛ حيث «إن بناء النصوص الورقية يتم بناء على آلية التسلسل في ترتيب النصوص، في حين تبنى النصوص المتشعبة على أساس التراكم؛ بحيث تتفرع النوافذ حاملة رؤى جديدة لموضوع واحد»[29]، ولذلك فإن «الكتابة الرقمية تتسم بكونها كتابة بصرية ومرئية، ومعنى ذلك أنها كتابة تتخطى ما هو صوتي ومسموع نحو ما هو طباعي وبصري ومشهدي وتشكيلي؛ فالكتابة الرقمية: نص وصوت وحاسوب وصورة»[30]، وقد نجح المبدع في توافر تلك السمة في شعره التكنوورقي والرقمي لتلك المجموعة (وجع مُسن).

4 - الصورة الشعرية السمعية الوسائطية (الرقمية التفاعلية):

من نماذج الصورة الحسية الحركية، التي يرسمها الشاعر بألفاظه إلى جانب الوسائط المتعددة، وذلك في القصيدة الرقمية التفاعلية التي مطلعها: (الصوت نجوى)[31]، معبراً عن ليل العاشقين ووصالهم بصورة سمعية، فيقول كما بالشكل الآتي:

فالشاعر يبدأ قصيدته بدالة (الصوت) التي تعبر عن الصورة السمعية؛ إضافة إلى كلمة (نجوى) فهما معاً يمثلان حواراً تفاعليّاً، إضافة إلى أن دالة (الحروف) التي هي رابط تشعبي بالقصيدة، صارت مخالفة لعادتها؛ فالمعتاد أن الحروف تسمع، فألبسها الشاعر ثوباً مجازيّاً معكوساً فصارت تتكلم كإنسان لا أن يتكلم بها الإنسان، وكأن ذلك الصوت صار إنساناً يناجي صاحبه في همس وخفية؛ وقد وظف الوسيط البصري الترابطي التشعبي لـ(المقعد) بالواجهة الرقمية

التفاعلية ليعبر عن تلك الصورة المجازية السمعية لذلك الصوت الذي اتخذه الشاعر معادلاً مجازيّاً لـ(إنسان يناجي صاحبه)؛ لكن لما كان هذا الصوت مجازاً، ناسب أن يكون هذا الوسيط البصري (المقعد) خالياً من الناس؛ فالصورة حسية سمعية حوارية لمناجاة مجازية.

هذا إلى جانب قوله (وصداك هذي الريح يغزلها فمك) الذي وظف معه الوسيط البصري لـ(فضاء/ صحراء) واسعة بالواجهة الرقمية التفاعلية، فناسب لفظة (ريح) التي تناسب طبيعة وسع الصحراء وخلوها من الناس غالباً؛ وبهذا يصبح صوت (الريح) بصورته الحسية السمعية معادلاً لفظيّاً وموضوعيّاً لـ(الغزل) الذي تراسل فيه الشاعر بين حاستي (اللمس) و(الفم)، فالغازل يمسك الحبال بيديه مع إحكام إمساكها بأسنانه أيضاً، وفي هذا دليل على أن أصوات تلك الرياح هادئة غير عاتية تلائم العشاق؛ فالشاعر يملك زمامها للمتناجين مثلما يتحكم غازل في نسج حباله، وقد أكد هدوء تلك الريح بالوسائط البصرية لفضاء الواجهة الرقمية التفاعلية للقصيدة؛ فالجو خال من الناس على (المقعد)، إضافة إلى اسوداد ليل وسعة فضاء؛ فهذا المكان هادئ، يتناسب مع طبيعة النجوى ليلاً؛ فوصال المحبين في ليلة الوصل يلزمه جو هادئ فيه نسمة هواء لا ريح عاتية.

5 – الصورة الشعرية الحركية الرقمية التفاعلية:

تمثلت الصورة الحسية الحركية في مواطن كثيرة من المجموعة، لكن تعد قصيدة (على الرمش)[32] من أهم قصائد العمود الومضة بالمجموعة؛ فهي شعاع أمل واستشراف لمستقبل أجمل، يتناسب

مع طبيعة الأوجاع التي تنسج المجموعة (وجع مُسن)؛ فبريق أملها يتباين دلالياً مع عتبة عنوان المجموعة كلها، وتلك القصيدة، في صورة حسية حركية لجريان (الدموع) ويتخذ من (منبع النهر) صورة حسية حركية، وكأن (الماء) مصدر الإنبات هو في الوقت ذاته (الدموع) مصدر تفريج الهم والأوجاع، كل ذلك وسط توظيف الوسائط البصرية الثابتة والمتحركة، النشطة والخاملة، فيقول في القصيدة، كما بالشكل:

صور الشاعر الخواطر التي تدور في ذهن المحب، فيتأثر بها، فتسري دموعه، تلك الدموع تسري على الرمش والوجه، وكأنها إنسان يمشي بلا أذرع، فتصبح الدموع الحزينة وسيلة تفريغ للأحزان وتنفيس للآهات؛ مثل حركية جريان (منبع نهر)، مثلما تصير الديار الخربة عامرة بجريان نهر فيها، فالأحزان تجول بالخاطر فكرة، وأثرها على الرمش حركية جريان الدموع، وعلى الأضلع الضعف لشدة الهيام بتلك المحبوبة؛ وبحركية جريان النهر في تلك الديار الخراب تصبح عامرة، مثلما تغير الدموع حزن صاحبها، فهي فضفضة تخفف الآلام، وقد أكد الشاعر هذا الوسيط البصري لأسفل الشاشة، فالنباتات طالعة تنمو؛ فتلك الدموع مع النهر مع النباتات آمال تتعانق لتكشف أوجاع الشاعر، وتغير آلامه إلى آمال لمستقبل باهر.

كل هذا يؤكده (الوسيط البصري للافتة) المعلقة فوق الجبل بشاشة الواجهة الرقمية للقصيدة؛ تلك (اللافتة) هي الرابط التشعبي للواجهة التمهيدية قبل ولوج تلك القصيدة؛ فهي هداية للمتلقي ليلج متن القصيدة، وفي الوقت ذاته فهي إشارة أمل وتفاؤل لكل موجوع، رغم أنها في مكان عال بالجبل، لكنها وسيلة أمل تجعل الناظر إليها يشرئب عنقه ليتناسى أوجاعه وآلامه، مثلما تفعل الدموع بالعاشقين، وكأنها نهر يجري فيكون سبباً لإنبات الزروع والثمار، وقد أكد الشاعر آثار تلك الدموع بتوظيف (نباتات نامية) أسفل شاشة واجهة القصيدة؛ فهي تحقيق وتأكيد للمتلقي أن تلك الدموع التي تدور بخاطر المحب وتؤثر في أضلاعه وجسمه ضعفاً وشوقاً وحنيناً، قد تغيرت فصارت أفضل مما كانت، مثلما يفعل (المنبع) في الأرض البور

الخراب؛ فهو يحسنها ويجملها بما ينبت فيها بسببه؛ فلولا (المنبع) ما كان جمال وإنبات، كذلك الدموع لولاها لما تغيرت أحزان الشاعر أو العاشق إلى الأفضل؛ فدموع العيون بحركيتها تغربل الأوجاع والأحزان إلى انشراح صدر وتفريج هم، بخلاف الإبقاء على كتمان الآهات بالصدر، فيضيق ذرعاً بها، كل ذلك رسمته حركية (الدموع) وحركية (منبع النهر)؛ فلولا حركية الدموع ما كان تفريغ حزن، ولولا جريان (منبع النهر) ما كان نبت.

6 – الصورة الشعرية الرقمية التفاعلية المبتكرة (التجديد في الصورة):

لقد تميزت تجربة قصيدة العمود الومضة بخصائص التكثيف والإيحاء... وغيرها، هذا من ناحية البناء، ولم يكتف الشاعر بذلك، وإنما وظف الوسائط البصرية والصور الشعرية المجازية الحسية، لينسخ من كل ذلك خيوط (صوره المبتكرة البكر)، فهو يوظف بعض الكلمات اللغوية في غير ما اعتاد عليه المتلقي في الشعر العربي، ومن ذلك ما عبر به في القصيدة الرقمية التفاعلية، ومطلعها (ومن ضفتيك يا كلي ومني)[33]:

في هذه القصيدة تجديد وابتكار من نواح عدة؛ فعلى مستوى الكتابة التيبوجرافية المتعرجة وكأنها أمواج؛ فهي مواز بصري في كتابتها لكلمة (أمواج) الواردة بالقصيدة، إضافة إلى التجديد التصويري لتوظيف رسول المحبين (هدير الحمام) مع (الأمواج)؛ وهذا غير معتاد في تصوير الشعراء لعواطف علاقات المحبين ووصالهم

أو هجرهم لذكرياتهم بالأمواج؛ وقد عبر الشاعر عن هذا التجديد بتوظيف (التناص الديني) لمصطلح: (نهر عدن) الذي يتناسب مع دالة (الأمواج)، وليس المراد النهر أو الأمواج، وإنما المراد أن تكون تلك الذكريات في جمالها مثل جمال نهر (عدن) أحد أنهار الجنة، فرغم أنها (أمواج) ذكريات، لكنها ليست متلاطمة أو فيها خطر على المحب؛ فتلك (الأمواج) لـ(نهر عدن) مما يشير إلى هدوء وسكينة يحس بها المحب حال تذكره محبوبه؛ فهي ذكريات سعيدة، وفي توظيف (أمواج) تباين لفظي وتشاكل معنوي؛ فلفظة تتشاكل مع

دالة (ذكريات) خارج السياق الشعري للقصيدة، لكنها تتباين بدلالتها المتلاطمة التي تنذر بخطر في المعتاد مع (نهر عدن) الذي هو جمال وحسن منظر بلا أمواج تغرق أو أخطار تتوقع؛ فهو من نعيم الجنة وجمال طبيعتها.

وقد وظف المبدع الوسيط البصري (الطريق الخالي من المارة، المتعرج ناحية اليسار) ليعبر عن طول تلك الذكريات وما أكدته كلمة (أمواج)، فطبيعتها التعرج والتأزم غالباً بين العاشقين؛ فكلٌ لا يهدأ له بال تجاه عاشقه، كأمواج متلاطمة مضطربة، لا تسكن ولا تهدأ، ولذلك غطى اللون (الأسود) جوانب ذلك الطريق والأشجار الموجود بالواجهة الرقمية التفاعلية لهذه القصيدة، ليعبر عن ذلك الضيق الذي يود العاشق من عشيقته ألا تكون تلك الذكريات آثارها كالأمواج، وإنما تكون هادئة تشعر بالسكينة والاطمئنان حال تذكرها، مثلما يستمتع إنسان بجلوسه على حافة نهر (عدن) يتأمله في الجنة بأمواجه الهادئة وطبيعته الخلابة منظراً وجرياناً؛ وقد عبر عن تلك السكينة التي يتمناها، بطلبه من محبوبه أن يكون جزءاً منه، فيناديه وكأنه بعض جسمه (كلي، مني، تكني) وهذا يؤكد شدة تعلقه وهيامه بمحبوبه، وقد أراد الشاعر في تلك القصيدة أن يعبر بالأمواج عما أصابه واقعه العربي من آلام وآهات، خاصة موطنه الأصيل (العراق)، فرغم تلك الآلام، فهو آمل بما سيكون في النهاية من إشراق وأمل، معبراً عن ذلك بدالة العالم الأخروي (عدن)، إضافة إلى (الوسيط البصري للجبل الأبيض) خلف القصيدة؛ بشاشة الواجهة الخلفية للقصيدة بالواجهة الرقمية التفاعلية.

7 – تشكيل تراسلية الصورة الرقمية التفاعلية:

تعد وسيلة تشكيل الصورة الشعرية بـ(تراسل الحواس) وسيلة حديثة، لم تكن معهودة بكثرة عند القدماء، حتى أضحت تعجُّ بها دواويـنُ الشعر المعاصر؛ وما ذلك إلا مواكبة لتطورات العصر ومسايرة لمستجداته، ولهذا عد (تراسل الحواس) وسيلة فنية لمجاراة هذا التطور؛ إذ إن تراسل الحواس «تَوَسُّعٌ في نقل الألفاظ من مجالات استعمالها القريبة المألوفة إلى مجالات أخرى بعيدة مُبتكرة»[34]، ومن ثَمَّ لجأ إليه الشعراء المعاصرون، فكان طبيعياً أن يوظفه الشعراء الرقميون التفاعليون في قصائدهم، ومن تلك النماذج التي توافرت في مجموعة (وجع مُسن) الرقمية التفاعلية، قول الشاعر في القصيدة: (للكون من شفتيك عطر)[35]، فيقول فيها:

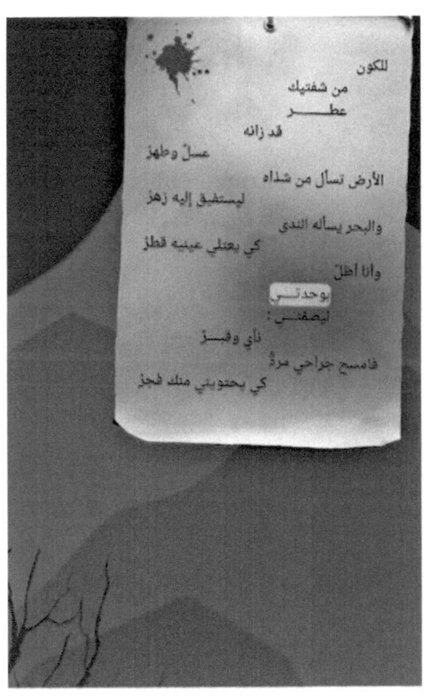

الوسيط الأبيض للجبال يعبر عن طلوع الفجر والأمل والمستقبل الأفضل، كما أن كلمة (للكون) عبرت عنها الوسائط بالواجهة، فسواد الواجهة وبياض الجبال يعبر عن طبيعة وقت البكور بعيد (الفجر)، فيغطي لون القمر الجبال بياضاً، وفي هذا الوقت الباكر تكون نسمات الهواء طيبة نقية؛ فالناس لم ينتشروا في الأرض للسعي على أرزاقهم، والمارة في الطرق لا يزالون نائمين غالباً، فعبير الرائحة منتشر نقي، حتى صار الاستمتاع باستنشاقه طيّباً نقيّاً من التلوث، مثل من يتذوق العسل جمالاً ولذة؛ وفي هذا صورة مبتكرة بتوظيف تراسل الحواس؛ فقد «وصف مدركات حاسة من الحواس بصفات مدركات حاسة أخرى، فتعطي للأشياء التي تدركها بحاسة السمع صفات الأشياء التي ندركها بحاسة البصر، ونصف الأشياء التي ندركها بحاسة الذوق بصفات الأشياء التي ندركها بحاسة الشم، وهكذا تصبح الأصوات ألواناً، والطعوم عطوراً»[36]، فتراسل الشاعر بألفاظه بقوله: (شفتيك عطر) مع (عسل)؛ فطبيعة نسمات الهواء لا تجيء في الشعر العربي مع (العسل)، فالشاعر جدد في الصورة وأبدع في التوظيف، وقد مثلت الوسائط البصرية تلك المعاني بتوظيف (الجبل الأبيض) الذي يفجر طاقات الأمل والجمال بما يكون وقت الفجر من فجر يوم جديد؛ فالشاعر يأمل أن يشرق فجر يوم جديد يغير آلامه وأوجاعه ويزيل جراحه الوجداني، مثلما يشرق فجر جديد على المحبين فتزول ذكرياتهم وما عانوه من آلام الهجران والتذكر طوال ليلهم.

ولذلك، يصور الشاعر صورته مشكلاً إياها بوسيلة تراسلية بين الحواس، وذلك بإعطاء بعض خصائص حاسة (الأنف) الشمية

إلى حاسة (اللسان) التذوقي، فأعطى ما يشم إلى ما يتذوق، فجعل المشموم متذوقاً؛ وكأن هذا العطر المشموم فاح عطره وعبيره حتى صار متذوقاً من شدة جمال رائحته وذيوعها، حتى صار عسلاً من شدة جمال رائحته، وهذا يدل على أن الجانب الروحي حينما يشبعه الإنسان بما يحتاجه، فإنه يمنحه راحة وسكينة وطمأنينة، فهي عبير مشموم وطعام متذوق مجازاً.

هوامش الفصل الأول:

1 – مهوى التفاحة: ص87.

2 – العمدة في صناعة الشعر ونقده: لأبي على الحسن بن رشيق القيرواني، مطبعة السعادة، مصر، ط1، 1907م، 1/ 134.

3 – أوزان الشعر: د. مصطفى حركات، الدار الثقافية للنشر، القاهرة، ط أولى، 1418هـ – 1998م، ص95.

4 – موسيقى الشعر: د. إبراهيم أنيس، مكتبة الأنجلو المصرية، ط2، 1952م، ص61.

5 – منهاج البلغاء وسراج الأدباء: أبي الحسين حازم القرطاجني، حققه: محمد الحبيب بن الخوجة، الدار العربية للكتاب، تونس، ط3، 2008م، ص241.

6 – موسيقى الشعر: ص69.

7 – موسيقى الشعر: ص57.

8 – العقد الفريد: شهاب الدين أحمد بن محمد بن عبد ربه (ت 328هـ)، دار الكتب العلمية – بيروت، الطبعة الأولى، 1404هـ، 6/ 343.

9 – أصول النقد الأدبي: د. أحمد الشايب، مكتبة النهضة المصرية، ط10، 1994م، ص325 – 326.

10 – موسيقى الشعر: د. إبراهيم أنيس: ص245 – 246.

11 – http://dr – mushtaq.iq/msn/p12.html

12 – http://dr – mushtaq.iq/msn/p10.html

13 – http://dr – mushtaq.iq/msn/p10.html

14 – مدخل إلى عتبات النص «دراســة في مقدمات النقد العربي القديم»: ص23 – 24.

15 – عتبات النص: باسمة درمش، مجلة علامات في النقد، مجلد 16، عدد (61)، مايو 2007م، ص43.

16 – القصيــدة الرابعة عشــرة الرقمية التفاعليــة: http://dr – mushtaq.iq/msn/ p15.html

17 – http://dr – mushtaq.iq/msn/p4.html

18 – مدخل إلى عتبات النص «دراسة في مقدمات النقد العربي القديم»: ص51.

19 – مدخل إلى عتبات النص «دراسة في مقدمات النقد العربي القديم»: ص52.

20 – نفسه: ص85.

21 – http://bit.ly/wmsn021

22 – وجع مُسن «قصائد تكنوورقية من العمود الومضة»: ص85.

23 – تحليــل الخطاب الشــعري (اســتراتيجية التنــاص): د. محمد مفتــاح، الدار البيضــاء ــــ بيــروت، ط3، 1992م، ص19، وكذلك: مجلة الأثــر، بحث بعنوان: «التشــاكل والتبايــن في شــعر مصطفى الغمــاري»، د. صالــح لحلوحي، جامعة بسكرة، الجزائر، مجلة الأثر، العدد (17) يناير 2013م، ص123.

24 – تحليل الخطاب الشعري «استراتيجية التناص»: ص25.

25 – التحليل السيمائي للخطاب الشعري: ص24، 71.

26 – http://dr – mushtaq.iq/msn/p19.html

27 – وجع مُسن «قصائد تكنوورقية من العمود الومضة»: ص79.

28 – وجع مُسن «قصائد تكنوورقية من العمود الومضة»: ص79.

29 – النص الرقمي وإبدالات النقل المعرفي: د. محمد مريني: ص55.

30 – الأدب الرقمي: جميل حمداوي: ص120 – 121.

31 – http://dr – mushtaq.iq/msn/p6.html

32 – http://dr – mushtaq.iq/msn/p14.html

33 – http://dr – mushtaq.iq/msn/p11.html

34 – تطور الأدب الحديث في مصر من أوائل القرن التاسع عشر إلى قيام الحرب الكبرى الثانية: د. أحمد هيكل، دار المعارف، مصر، ط6، 1994م، ص330.

35 – http://dr – mushtaq.iq/msn/p4.html.

36 – عـن بنـاء القصيدة العربية الحديثة: د. علي عشـري زايد، مكتبة ابن سـينا للطباعة والنشـر والتوزيـع والتصدير، مصر الجديـدة، ط4، 1423هـ – 2002م، ص78.

الفصل الثاني:

الروابط التشعبية والوسائط المتعددة للعمود الومضة «وجع مُسن»

المبحث الأول:

الوسائط الترابطية المتشعبة لمجموعة (وجع مُسن)

أولاً: الشـفرة التكنوورقية محطة الوصول إلى النسـخة الرقمية التفاعلية:

تعد الشفرة الباركودية إحدى السمات التفاعلية التي ضمنها المبدعون الرقميون أعمالهم الورقية، للولوج من خلالها إلى النسخة الرقمية التفاعلية، ولهذا، فإن مجموعة (وجع مُسن) الورقية، في كل قصيدة منها شفرة، هي الرابط (التكنوورقي) الذي يعد حلقة وصل وانتقال من النسخة التكنوورقية إلى الرقمية، لا العكس.

ولذلك، عند قراءة الشفرة الموجودة بالنسخة التكنوورقية ببرنامج (قارئ الأكواد) فإنه يمنحنا رابطاً إلكترونيّاً قابلاً للنسخ فقط؛ فالقصيدة الأولى التكنوورقية: (حكاية العطر)، عند قراءة (الباركود) الآتي:

فإنه يمنحنا الرابط (bit.ly/wmsn001)، وعند لصقه على موقع (جوجل)، يظهر رابط القصيدة الرقمية التفاعلية بالموقع:

(http://dr – mushtaq.iq/msn/p1.html)

وبالضغط على أحد الروابط البصرية المفعلة بالواجهة، تظهر قصيدة رقمية تفاعلية بدايتها: (يا مثخناً بالنأي...).

ومن ثم، فإن المتلقي لن يكتشف سواحل النسخة الرقمية أو الإبحار فيها، إلا بالعبور بقنطرة النسخة التكنوورقية بقراءة أكوادها، والبحث بـ(رابط قارئ الباركود) للإبحار في النسخة الرقمية التفاعلية، ولذلك فإن المتلقي يبدأ قراءة المجموعة من النسخة التكنوورقية أولاً، ثم يدلف من خلال روابطها إلى النسخة الرقمية التفاعلية؛ والملاحظ على الشفرات التكنوورقية أن كل قصيدة بها (شفرة واحدة) عدا القصيدة الرابعة التي ضمنها المبدع (شفرتين) لتحيل إلى قصيدتين رقميتين.

وبنظرة إحصائية لكل الشفرات التكنو رقمية، فإنها إحدى وعشرون (21) شفرة؛ لأن القصيدة التكنوورقية الرابعة تضمنت شفرتين. وأما النسخة الرقمية، فعدد ما أحالت إليه النسخة الورقية

(21) قصيدة رقمية تفاعلية كذلك، تلك القصائد الرقمية التفاعلية هي المكملة للتكنوورقية معنى؛ فلا يستطيع القارئ أن يفهم القصيدة من النسخة الرقمية وحدها إلا بالانتقال عبر الروابط إلى النسخة الرقمية التفاعلية التي أحالت إليها الشفرة التكنوورقية.

كما يلاحظ على الانتقال بين النسخة التكنوورقية والرقمية التفاعلية أنهما غير منتظمتين؛ فقد يبحر المتلقي من القصيدة الثامنة عشرة التكنوورقية (الأضداد ثانية)[1] فيجد نفسه بالقصيدة التاسعة عشرة الرقمية التفاعلية (يا مالئاً سر هذي الأرض)[2]، فلا يوجد ترتيب رقمي بين الواجهتين في تماثل رقم قصائدهما، وهذه ميزة (الاكتشاف بالإبحار) التي تثير المتلقي وتحفزه في البحث عما يقابل القصيدة التكنوورقية بالواجهة الرقمية التفاعلية.

وهذا الجدول يبين بعض نماذج القصائد التكنوورقية وما يقابلها من روابط القصائد الرقمية التفاعلية:

القصيدة التكنوورقية	الرابط التشعبي للقصيدة الرقمية	مطلع القصيدة الرقمية التفاعلية
1 – حكاية العطر	http://dr-mushtaq.iq/msn/p1.html	يا متخناً بالنأي
2 – التيه والخطو	http://dr-mushtaq.iq/msn/p2.html	العمر ثقاب عود
3 – حداك مداك	http://dr-mushtaq.iq/msn/p3.html	عنيتك سيدي

4 – شريعة النماء: لها رابطان لقصيدتين رقميتين تفاعليتين	**http://dr-mushtaq.iq/msn/p4.html** **http://dr-mushtaq.iq/msn/p5.html**	للكون من شفتيك عطر
5 – العيش وسط الجمر	http://dr-mushtaq.iq/msn/p6.html	الصوت نجوى
6 – حكاية معتقة بدايتها حكاية التمر	**http://dr-mushtaq.iq/msn/p7.html**	البعد والوجد
7 – ظما حميد	http://dr-mushtaq.iq/msn/p8.html	اللامنتهى حدك
8 – سواد البياض	http://dr-mushtaq.iq/msn/p9.html	لا تغب كي لا يموت العطر
9 – ضلال آبق	http://dr-mushtaq.iq/msn/p10.html	لو أن مفاتيح الصحارى

والملاحظ على هذا الجدول أن القصيدة التكنوورقية مرقمة بالترتيب، لكن المتلقي حينما يبحر بانتظام من النسخة التكنوورقية يجد أنه يصل إلى قصائد رقمية تفاعلية غير مرقمة؛ فهذه سمة (العشوائية) التي تميز القصيدة الرقمية التفاعلية عن التكنوورقية، رغم أن المتلقي لم يستطع الإبحار إلى الرقمية التفاعلية إلا من التكنوورقية!

ثانياً: الروابط التشعبية الرئيسة بالنسخة الرقمية التفاعلية:

لقد أسس د. مشتاق موقعاً خاصّاً بإبداعه الرقمي التفاعلي على

موقع (جوجل)، فحينما يكتب المتلقي على الموقع (د. مشتاق عباس معن) يظهر له الاسم قابلاً للتفعيل، وبالضغط عليه، ينقل المتلقي إلى الواجهة الرئيسة لموقع المبدع، وبه ثلاث واجهات رقمية تفاعلية لإبداعه الرقمي التفاعلي، وهذه الواجهات الثلاث، هي:

فتلك المجموعات الثلاث هي خلاصة إبداع د. مشتاق في تجربته الرقمية التفاعلية، هذه المجموعات الإبداعية روابط قابلة للتفعيل، تحيلك إلى الواجهات الرقمية التفاعلية، عدا مجموعة (تباريح رقمية) فالمتلقي يبحر فيها دون حاجة إلى الإنترنت، فبالضغط عليها، يمكن تحميلها من الإنترنت على هيئة (ملف خاص) يفتح على الحاسوب دون حاجة إلى الإنترنت؛ وبهذا تتسم تلك المجموعة بأنها تفاعلية، لا رقمية؛ فتفاعليتها من خلال الروابط الداخلية الموجودة داخل واجهاتها

وقصائدها مع الوسائط المتعددة الأخرى، لكنها غير رقمية؛ لأنها تتاح دون إنترنت؛ فهي أول تجربة إبداعية للشاعر، مما يعد أمراً طبيعيّاً لكونها أول إرهاص إبداعي للمبدع؛ فكل إنجاز في بداياته يحتاج إلى تقويم غالباً.

1 – الرابط الرئيس لعنوان المجموعة (مجموعة مسن):

إن المتلقي حينما يلج الموقع الرسمي الرقمي التفاعلي للمبدع، يقابله الرابط الرئيس للمجموعة (وجع مُسن)، وهو رابط تفاعلي نشط، فحينما يضغط عليه المتلقي ينقله إلى إحدى قصائد المجموعة، ولكي يعرف المتلقي أنه قابل للتفعيل، كالآتي:

ومكتوب على القصيدة الرقمية التفاعلية (الانتقال إلى) لأن الإبحار فيها متوقف على روابط الباركود للنسخة التكنوورقية، التي هي قنطرة العبور من الوسيط الورقي إلى الرقمي التفاعلي، وبهذا تصبح مجموعة (قصيدة وجع مُسن) متوقفة على عبور المتلقي بقنطرة التكنوورقي أولاً حتى ينتقل إلى الرقمي التفاعلي ثانياً.

2 – الروابط الفرعية لإظهار القصائد الرقمية التفاعلية (واجهة تمهيدية):

تعد الروابط الفرعية في هذه المجموعة الشعرية الرقمية التفاعلية أحد الأساليب الفريدة من نوعها في تجربة د. مشتاق دون سابقتها من الإبداعات؛ فالمتلقي لم يعد يجد القصيدة أمامه أو روابط لكلمات أو ترقيماً أو بوابات... للولوج إلى القصيدة الرقمية التفاعلية، وإنما أصبحت وسائط بصرية لا تعرف إلا بالاكتشاف والتجربة لما تحويه الواجهة الرقمية التفاعلية التي أحال إليها النص التكنوورقي، فحينما يضغط المتلقي على روابط العنوان الرئيس للمجموعة الرقمية التفاعلية، فإنها تحيله إلى صفحة وسائط بصرية دون أي عناوين أو كتابة...، فيفاجأ المتلقي بنوعية جديدة من الروابط البصرية المجردة من العنونة، ولا ينتهي الأمر عند هذا فحسب، وإنما يظل المتلقي تائهاً في الصفحة التمهيدية للمتلقي، يبحث عن الروابط الفرعية، وفي النهاية يصل إلى وجود أيقونة بصرية قابلة للتفعيل وسط أيقونات بصرية صامتة وغير مفعلة، وبهذا فإن سمة (الاكتشاف) ميزة تميز بها إبداع د. مشتاق عن غيره من الرقميين؛ فالروابط تحتاج إلى

اكتشاف بالتجربة لكافة الوسائط البصرية الموجودة بالصفحة.

تلك الروابط الوسائطية البصرية تعد تمهيداً وإثـارة للمتلقي؛ فلا يفاجأ المتلقي بالنص مباشرة، وإنما يكتشف الرابط الوسائطي البصري أولاً، ثم يضغط عليه، لينتقل من شاشة الوسيط البصري إلى الشاشة الرئيسة للقصيدة الرقمية التفاعلية، والملاحظ أن تلك الوسائط البصرية الترابطية جاءت متنوعة؛ فمنها الرابط التشعبي للوسيط البصري (زهرة) كما في الواجهة التمهيدية للقصيدة الرقمية التفاعلية (اللامنتهى حدك)[3]، أو يجيء الرابط التشعبي بالواجهة التمهيدية (ظل رجل يمشي في طريق) كما في قصيدة (عنيتك سيدي هلا أراكا)[4]، أو رابط تشعبي لوسيط بصري لـ(شجرة بلا أوراق) كما في القصيدة الرقمية التفاعلية (يا وارف القلب)[5]، وهكذا تتنوع (الروابط التشعبية) بالواجهة التمهيدية السابقة لواجهة القصيدة الرقمية التفاعلية، وبهذا تصبح أعداد تلك الواجهات الرقمية التفاعلية التمهيدية (21) واجهة تمهيدية، تتنوع فيها الروابط التشعبية المتمثلة في الوسائط البصرية، ومن هذا تتعانق الوسائط البصرية والروابط التشعبية؛ ليصبح الوسيط البصري حاملاً وظيفة (الترابطية)، وفي الوقت نفسه يحمل الرابط التشعبي وظيفة الوسيط البصري.

3 – سمة (الاكتشاف) للروابط التشـــعبية لمجموعة (العمود الومضة):

ومن النماذج الشعرية لوسيط (الروابط التشعبية) للقصائد ودلالتها بالمضامين، ما جاء في الواجهة الرئيسة للقصيدة الرقمية التفاعلية

التي أولها: (حيث الضياء الأبلج)[6]، ومن خلال التوقف مع واجهتها الرقمية التفاعلية، فدلالة الرابط مع وسيطه البصري تتوازى مع مضمون ذلك الوسيط البصري، وتتوازى مع مضمون القصيدة، ولبيان دور الرابط وكيفية اكتشافه، فهذه صورة الواجهة الرئيسة للقصيدة، كما بالشكل الآتي:

يظل المتلقي يبحر في الواجهة الرئيسة لأي قصيدة قبل ولوجها، لتقع يده على الرابط التشعبي وسط وسائط بصرية عدة، فيفاجأ بأن الرابط التشعبي لولوج قصيدة (حيث الضياء الأبلج) وسط الأعمدة اليسرى ليست كلها، وإنما (العمود الأوسط يساراً)؛ فالواجهة بها (ثلاثة أعمدة في الجانب الأيسر)، اثنان ظاهران والثالث يمين يسار الواجهة (العمود الثالث يميناً من تلك الأعمدة)، وفي الجانب الأيمن (عمودان فقط)؛ فتجربة الباحث لتلك الوسائط البصرية كلها، وباستخدام تفاعلية (التجريب) اهتدى بـ(الاكتشاف) إلى أن الرابط

الرئيس هو (عمود الإنارة الثاني/ الأوسط، يسار الواجهة)؛ فميزة (الاكتشاف) ميزت إبداع د. مشتاق الشعري الرقمي التفاعلي؛ وبهذا تظل تجربته بكراً متجددة غير مكررة.

وبالتوقف عند دلالة (الرابط التشعبي) بوسيطه البصري، لا بد من إيراد أبيات القصيدة، كما بالشكل:

إن الناظر إلى تلك الواجهة، يجد أنها تحوي وسائط بصرية عدة، لكن لا يدري أيّاً منها سيكون الرابط الرئيس لولوج القصيدة نفسها، فالوسائط بها، هي: (أعمدة الإنارة فروع أشجار بلا أوراق، طائر يطير، إيحاء بزمن الليل) فهذه الوسائط مع ما يخيم على الواجهة من ظلام الوسيطين البصريين (أفرع الأشجار، أعمدة الإنارة)؛ يعبر عما يتمخض من ميلاد الأمل في بطن ذلك الظلام، وذلك من قول الشاعر المكتوب بطريقة تيبوجرافية في شطر أفقي وشطر تصاعدي مفرد الكلمات:

«أبهج

بدر

عيناك

حيث الضياء الأبلج».

فالكلمات (ضياء، أبلج، بدر، أبهج) تشير إلى السعادة والأمل والجمال، إضافة إلى البيت الثاني، في قوله بتشكيل كتابة (خط) أفقية تقليدية:

هناك تشدو لحظها   أهدابها البنفسج

فالعيون بلحاظها وأهدابها تتراقص وتتشنف الآذان بغنائها، وفي هذا كناية عن الجمال والسعادة، وسط ما يعانيه الشاعر من أوجاع ويأس يلاحقه في واقع سوداوية تلك الواجهة الرقمية التي شع أملها بأعمدة الإنارة (الرابط التشعبي) وما قرره الشاعر في ألفاظ قصيدته الرقمية التفاعلية؛ فالأعمدة لا تظهر مصابيحها، لكن يرمز إلى بشارات آمال ربما تتحقق رغم وجود ذلك الظلام؛ فستزول تلك الأوجاع التي يعاني منها الشاعر رغم وجود الألم؛ وهذه نظرة تفاؤل وسط واجهة.

ومن النماذج التطبيقية أيضاً، القصيدة التاسعة التكنوورقية، المسماة: (ضلال آبق) وبعد قراءة (الباركود) أعطانا هذا الرابط (bit.ly/wmsn010) وبعد لصقه على موقع (جوجل) أحال إلى القصيدة الرقمية التي رابطها (http://dr-mushtaq.iq/msn/p10.html) فظهرت واجهتها كالآتي:

هذه الواجهة الرقمية التفاعلية لا تحوي أي كلمات كي يهتدي المتلقي من خلالها لمعرفة بوابة الولوج إلى القصيدة، فهل يضغط المتلقي على غصون الأشجار المتدلية لأسفل يمين الصفحة؟ أم يضغط على فروع الأشجار القائمة يمين الواجهة؟ أم يحرك (الماوس) ضاغطاً على الجبال الشاهقة الخلفية للنهر؟ أم الطيور التي تتحرك محلقة في سماء الواجهة الرئيسة للمجموعة؟ أم الأشجار الكائنة على الضفة الأخرى للنهر؟ أم النهر نفسه؟ أم الإوزة التي تسبح في النهر؟ فهذا كله دافع تفاعلي للمتلقي مع الواجهة التي أمامه، وبالتجربة والمحاولة مع كل الوسائط البصرية التي نتساءل عنها سيكتشف المتلقي الرابط الرئيس للقصيدة الرقمية التفاعلية؛ فحينما تلمس المتلقي تلك الوسائط البصرية أعلاه، اكتشف أن رابط الوسيط البصري للطائر المعروف بـ(الإوزة) هو الرابط الذي سيحيل إلى القصيدة الرقمية التفاعلية، فحينما تتبع الباحث الضغط على الأيقونات المثبتة بالشاشة الرقمية أعلاه، وجد أن (الإوزة/ البطة) هي الرابط الحقيقي الرئيس للإحالة إلى القصيدة، فظهرت الواجهة الآتية:

فهذه الواجهة لا عنوان لها، بخلاف القصائد التكنوورقية التي تحمل كل قصيدة فيها عنواناً مستقلاً، ومن خلال النظر في الوسيط البصري أعلاه، ظهرت أسطر شعرية رقمية تفاعلية، مطلعها: (لو أن... الصحارى بقبضتي أحلت حكايا الرمل ضوءاً لمقلتي....) على الرابط الرقمي، مع مراعاة أن كل قصيدة لها وسائطها الخاصة بها، وبهذا تتنوع الوسائط البصرية، كما أنها تختلف حسب مضمون القصائد.

ومن الملاحظ على واجهة أي قصيدة رقمية تفاعلية، أن كلماتها كلها لا تظهر، بل إن هناك كلمتين غير ظاهرتين، في المطلع (لو... الصحارى) مكان فراغ النقط، بين (لو) و(الصحارى)، وفي البيت الثاني (ورحت أناجي... في كل صحبة) فمكان النقط هنا غير واضح بالقصيدة، وهذه سمة سأذكرها في موضعها.

وتأتي القيمة النقدية بالتوقف عند هذا الرابط التشعبي لـ(الإوزة) بقصيدة (لو أن مفاتيح الصحارى)، وعلاقته بمضمون القصيدة في كون هذا الرابط (الإوزة) وسيلة أمل بتحول أوجاع الشاعر المتمثلة

في دالة (الصحارى) في قوله بتشكيل تيبوجرافي تصاعدي، يكشف عن علو طموحاته بتغير الحال إلى الأجمل، فيقول في القصيدة:

«بقبضتي

لو أن مفاتيح الصحارى

ضوءاً[7]

أحلت حكايا الرمل».

التي لا زرع فيها ولا ماء، ولا نبات ولا طيور منزلية أمثال (الإوزة)، فالشاعر يود أن تتحول تلك الصحراء إلى بيئة عمرانية طبيعية، فيسري فيها (الوسيط البصري/ النهر) الذي تسبح فيه (الإوزة) فيصير معموراً بالسكان والإنسان والطيور، وفي هذا إشارة إلى الأمل في تغير الواقع المعيش إلى الأفضل؛ فسيحول الرمال إلى ضوء يهتدي به الناس وينتفعون به مثلما تنتفع (الإوزة) بالماء، فهي تستمع بالسباحة فيها، فكذلك (الضوء) للإنسان؛ فالضوء مصدر هداية وأمل وتفاؤل.

4 – الروابط الداخلية للقصيدة الرقمية التفاعلية:

في كل قصيدة كلمتان خافتتان مخفيتان لا يستطيع المتلقي أن يقرأهما، إلا بالنقر عليهما بزر الماوس، وهذه سمة ثابتة في القصائد الرقمية التفاعلية بالمجموعة كلها، وبعد الضغط تظهر الكلمة، ثم يضغط على الكلمة الأخرى فتظهر، وتصبح القصيدة كلها واضحة،

كما بالمثال الآتي: قصيدة التكنوورقية: (وعيد آسن) أحالت على الرابط الرقمي لقصيدة، مطلعها (معي منك سر عصي.... يطاردني)، ففي النسخة الرقمية التفاعلية نجد أن الكلمة التالية لكلمة (عصيّ) خافتة كما بالوسيط البصري، كالآتي:

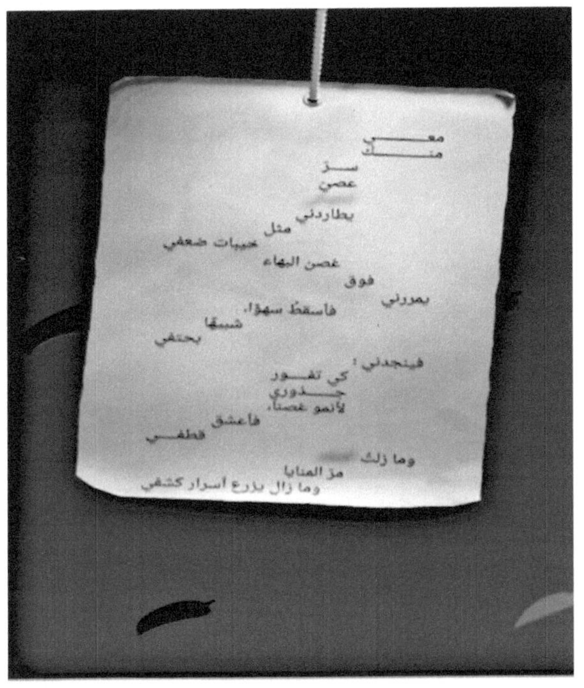

وكذلك في السطر الأخير من المقطوعة الشعرية (وما زلت... مر المنايا)

فهاتان الكلمتان خافتتان لا تظهران إلا بالضغط عليهما، ولا تحيلان إلى واجهات أخرى، لكنهما تظهران، وبهذا يعد هذا الرابط الفرعي رابطاً ثابتاً.

وفي القصيدة الرقمية التفاعلية نفسها، بعد تفعيل الرابط الكلمي للكلمتين الخافتتين، تظهران، كما بالشكل الآتي:

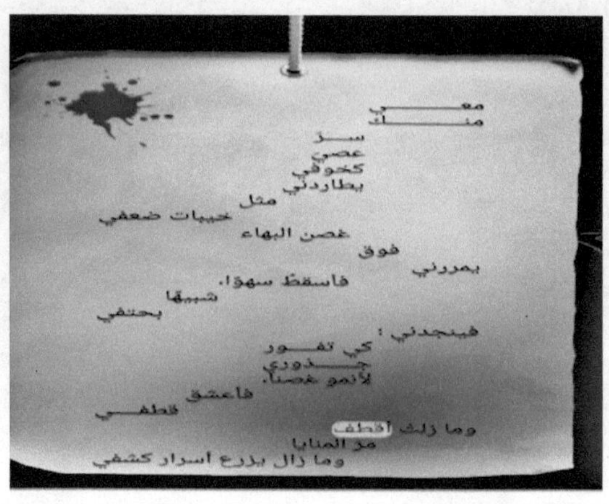

وبالنظر إلى المقطوعة الشعرية الرقمية التفاعلية، فإنها تظهر بكلماتها كلها واضحة، لكن يظل أثر التفعيل للكلمة الثانية بالقصيدة موجوداً، وذلك في كلمة (أقطف)، وبهذا تتضح أهمية تفعيل الروابط، فلولا تفعيل الكلمتين (كخوفي، أقطف) لما استطاع المتلقي أن تكتمل الفكرة لديه، أو أن يتذوق أو يؤول.

5 – روابط التنقل من القصيدة الرقمية التفاعلية إلى الواجهة الرئيسة للشاشة ذاتها:

بعد تفعيل الكلمتين الخافتتين، تصبح القصيدة ظاهرة بكلماتها كلها، فيظهر تلقائيّاً وسيط بصري في صورة (حبر متشظٍّ دائريّاً) على جانب الصفحة، تارة من اليسار، قابل للتفعيل، وذلك كما بالمثال الآتي:

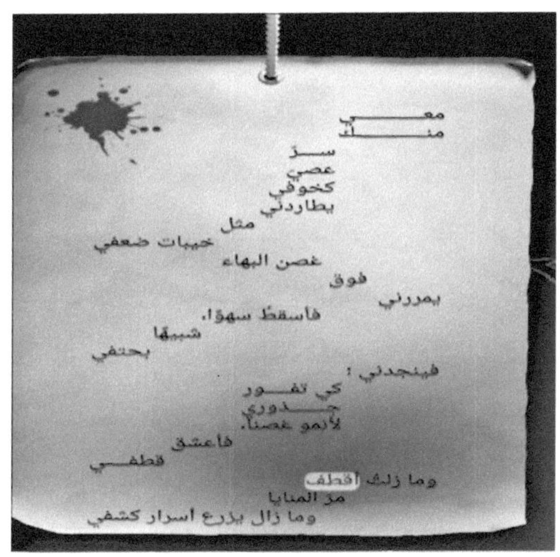

ففي هذه الواجهة يظهر أعلى يسار الصفحة (حبر متشظٍّ دائريّاً)، وأحياناً يظهر هذا (الحبر المتشظي دائريّاً) لبعض القصائد أسفل يمين الصفحة، كما بالمثال الآتي للقصيدة العاشرة الورقية المسماة بـ(عوالمها الموحشة)، والتي أحالت بعد قراءة الباركود ورابطه إلى القصيدة الرقمية التفاعلية الآتية:

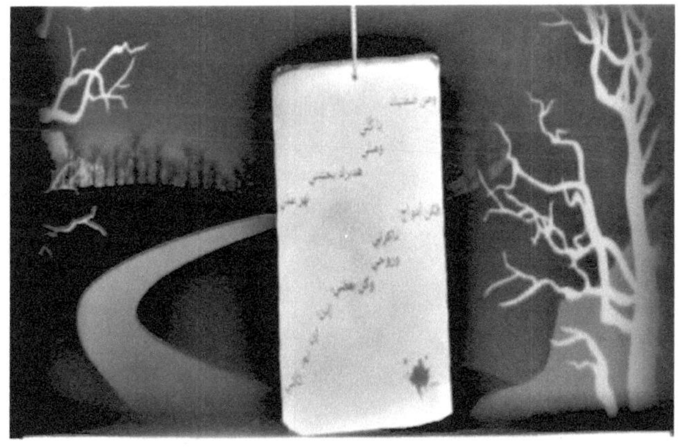

فالملاحظ أن (الحبر المتشظي دائريّاً) يمين أسفل القصيدة الرقمية التفاعلية.

وبالضغط على هذا (الحبر المتشظي دائريّاً) في أي قصيدة رقمية تفاعلية، تظهر فروع أشجار تمتد من يسار الواجهة الرقمية للصفحة ويمينها أيضاً، سوداوية اللون، قابلة للتفعيل، للعودة بالمتلقي إلى الواجهة الرئيسة لقصائد (وجع مُسن)، وبالضغط على (الحبر المتشظي بالوسيط البصري الرقمي التفاعلي السابق للقصيدة التكنوورقية (عوالمها الموحشة)، تظهر فروع الأشجار سوداء اللون، خلاف البيضاء الموجودة يسار واجهة القصيدة الرقمية التفاعلية ذاتها، إضافة إلى تغير واجهة القصيدة إلى وسيط بصري ملغز، يظهر هذا الوسيط نهاية كل قصيدة رقمية تفاعلية، مكان كلمات القصيدة، وقت ظهور تلك الجذور التي تظهر في صورة حركية من اليمين واليسار لواجهة القصيدة الرقمية التفاعلية، ووسيط الجذور والوسيط البصري الملغز، كما بالشكل الآتي:

6 – رابط التنقل بين القصائد:

بعد أن يظهر رابط (أفرع أشجار بلا ورق) من جهتي الشاشة، يضغط المتلقي عليها، فتأخذه إلى الواجهة الرئيسة، فتحمل اسم المجموعة (وجع مُسن)، ثم تظهر واجهة بصرية لقصيدة ما، وبهذا يعد هذا الرابط هو وسيلة التنقل من القصائد المفتوحة إلى التالية، مما يعد سمة تجديد، فلم تعد الكلمات هي الروابط التنقلية، وإنما أصبحت وسيلة التنقل هي الروابط البصرية المجردة عن العناوين، لكنها مفعلة للتنقل والإبحار والاكتشاف.

7 – عشوائية روابط العودة إلى قصائد أخرى:

تتسم الروابط التي تحيل المتلقي إلى قصائد أخرى عشوائية الترتيب الذي كان منتظماً حال الإبحار من النسخة التكنوورقية إلى الرقمية التفاعلية، فقد اختلف هنا حال إبحار المتلقي بين الواجهات الرقمية التفاعلية، وهذه سمة أساسية من سمات الأدب الرقمي التفاعلي، في كونه (عشوائيّاً) غير منتظم؛ فالمتلقي يبحر فيه دون تقيد أو تقييد أو إجبار مثلما كان في النص الشعري التقليدي الورقي، وتتحقق تلك العشوائية الروابطية حال ضغط المتلقي على الرابط الرقمي التفاعلي لبقعة الحبر المتشظية (فروع أشجار) من جانبي الواجهة الرقمية التفاعلية للقصيدة، فبالضغط على تلك الفروع، تنقل المتلقي إلى قصيدة رقمية تفاعلية أخرى، لكنها لا تنتظم في ترتيبها، كما لو أبحر من النسخة التكنوورقية إلى الرقمية التفاعلية.

ومن خلال ما سبق يتضح أن الروابط التشعبية الواردة بالمجموعة أنماط عدة، هي:

1 ـ روابط بصرية تفاعلية بالواجهة الرئيسة للمجموعة كلها: وهو ما يقابل المتلقي حال ولوج المجموعة من (موقع د. مشتاق معن) على شبكة الإنترنت (جوجل)، فيقابله (دائرة/ قمر) وبالضغط عليها تنقل المتلقي إلى واجهة تمهيدية لقصيدة ما.

2 ـ الرابط التشعبي التفاعلي لوسيط بصري بالواجهة التمهيدية للقصيدة: لا يستطيع المتلقي أن يطالع القصيدة الرقمية التفاعلية بالمجموعة مباشرة، وإنما يظل يبحر بواجهة تمهيدية قبل القصيدة، وبها وسائط البصرية عدة لأي قصيدة، وبالاكتشاف يعثر المتلقي من بينها على (رابط بصري تشعبي).

3 ـ روابط كتابية تفاعلية: لا يمكن للمتلقي أن يطالع كلمات القصيدة كاملة بالمجموعة إلا إذا قام بتفعيل (رابط الكلمات) وهما يتمثلان في (كلمتين) لأي قصيدة بالمجموعة؛ فالمتلقي يفاجأ ببهوت وخفوت لا تظهر الكلمات منه؛ فيضغط المتلقي على هاتين الكلمتين، فتظهران مثل بقية كلمات القصيدة.

4 ـ روابط بصرية تفاعلية بواجهة القصيدة الرقمية التفاعلية: تظهر بعض الوسائط البصرية بعد ظهور كلمات القصيدة كاملة، وتفعيل المتلقي للكلمتين الخافتتين الباهتتين، فتظهر (بقعة دماء/ حبر، متشظية أعلى القصيدة أو أسفلها يمنة أو يسرة) وبضغط المتلقي عليها، يظهر وسيط بصري بعضه تفاعلي (رابط تشعبي)، والآخر

غير تفاعلي لـ(فروع أشجار) من جانبي واجهة القصيدة، وبالإبحار فيها، يكتشف المتلقي الرابط التشعبي لإحداها، فيضغط على تلك (الأشجار) فتنقله إلى قصيدة رقمية أخرى.

5 ـ **روابط بصرية غير تفاعلية:** تعد الوسائط البصرية من أهم سمات الأدب الرقمي التفاعلي؛ ولذلك وجودها ينفي كونها تقليدية، ورغم هذا، فإن تلك الوسائط البصرية ليست كلها (روابط تشعبية)، فمنها لا يعدو كونه وسيطاً بصريّاً غير تفاعلي، وهذه السمة متوافرة بالواجهة التمهيدية لأي قصيدة، وهذا يثير انتباه المتلقي؛ فالروابط غير التفاعلية لها دور بما تحدثه من «إضافات توضيحية بسيطة يضعها المؤلف فقط من أجل جذب الانتباه وزيادة التأثير»[8]، هذا إلى جانب ظهور بعض الوسائط البصرية الخاملة (غير نشطة/ غير مفعلة) في أثناء مطالعة المتلقي لأي قصيدة رقمية تفاعلية بالمجموعة.

ومما سبق يخلص الباحث إلى أن الروابط التشعبية بالمجموعة تنوعت في كونها تحمل وظيفتين؛ ما بين وسيط بصري ووسيط كلمي، وفي الوقت ذاته هي (الرابط التشعبي)، إضافة إلى أن تلك الروابط لم تكن مباشرة في عثور المتلقي عليها؛ لكنها تائهة بالواجهة الرقمية التفاعلية؛ فيظل المتلقي يبحث عنها بالواجهة، كما أن الروابط التشعبية الرئيسة لولوج القصيدة جاءت بالواجهة التمهيدية، وهي واجهة تظهر قبل ظهور الشاشة الرقمية التفاعلية للقصيدة، وبالضغط على الرابط التفاعلي بالشاشة التمهيدية تظهر واجهة القصيدة بالشاشة ذاتها، وأخيراً توظيف كلمتين خافتتين بالقصيدة، لا تظهران إلا بالضغط عليهما، وهما وسيطان كلميان ثابتان، لا يحيلان إلى شيء، وتلك سمة تفاعلية مع نص القصيدة نفسه.

المبحث الثاني:

الوسائط البصرية الشعرية الرقمية التفاعلية لمجموعة (وجع مُسن)

تنوع ورود الوسائط البصرية من حيث كونها (هايبرتكست)، فكانت بالمجموعة كالآتي:

1 – الوسائط البصرية الثابتة المفعلة.

2 – الوسائط البصرية الثابتة غير المفعلة.

ومن حيث الحركية والثبات، تنقسم إلى:

1 – الوسائط البصرية المتحركة باستمرارية: تتحرك قبل الولوج إلى القصيدة، أو طوال عرض القصيدة الرقمية التفاعلية الواجهة الرئيسة، وهما وسيطان: (الطيور في سماء واجهة القصائد تجاه اليسار)، والأخرى (القصيدة الرقمية التفاعلية، تتحرك يميناً ويساراً).

2 – الوسائط البصرية الثابتة المتحركة (واجهة القصيدة)؛ فهي ثابتة، لا تتحرك إلا إذا أمسك المتلقي (الماوس) وحركه يمنة ويسرة،

فإن الواجهة الرئيسة تتحرك بكل ما فيها من وسائط ثابتة، كالجبال أو الأشجار....

3 – الوسائط البصرية المتحركة الثابتة: تلك التي تظهر في صورة حركية ثم تثبت؛ وهي (جذور الأشجار التي تنقل المتلقي من القصيدة ليعود إلى الواجهة)، فإنها تظهر في صورة حركية من اليمين واليسار من أعلى الصفحة وأسفلها (جانبي الصفحة طولاً وعرضاً) حال ضغط المتلقي على (الدم الأسود المتشظي الدائري)، ثم تثبت، فمنها ما يمثل (رابطاً تشعبيّاً)، ومنها ما يكون مجرد وسيط بصري فحسب!

4 – الوسائط البصرية الثابتة: الأشجار، الجبال،... وتختلف من واجهة إلى أخرى، حسب ما يبدو من وسائط.

وسيعرض الباحث لتلك الوسائط البصرية ووظائفها، كما يلي:

أولاً: الوسائط البصرية بالواجهة الرقمية للموقع:

تختلف طبيعة الوسائط البصرية حسب طبيعة إبحار المتلقي، وذلك من ناحيتين:

الأولى: إذا أبحر المتلقي من موقع (جوجل) باسم (موقع د. مشتاق عباس معن)، فإن الواجهة البصرية التي تظهر تختلف عما لو أبحر من النص (النسخة) الورقية للقصيدة، فإذا أبحر من (جوجل) فإن الواجهة التي تقابله، تحمل وسائط بصرية مختلفة، منها اسم (عينة

الدراسة/ وجع مُسن) إضافة إلى اسم الموقع ومبدعه وصورته الشخصية (د. مشتاق عباس معن).

الثانية: إذا أبحر المتلقي من خلال رابط (الباركود) للقصيدة الورقية بعد قراءته، فإن الرابط يحيله إلى واجهة القصيدة الرقمية التفاعلية المكملة للقصيدة الورقية، وفي هذه الحالة تختلف الوسائط البصرية التي تقابل المتلقي حسب كل قصيدة؛ فليست كل الوسائط البصرية لواجهة القصائد واحدة.

ثانياً: الوسائط البصرية بالواجهة الرقمية للمجموعة:

(تشظي أوراق شجر، دائرة بيضوية، أوراق تتجمع داخل الشكل البيضوي الأبيض، كلمة وجع مُسن).

ثالثاً: الوساط البصرية بالواجهة التمهيدية قبل أي قصيدة:

تتنوع الوسائط البصرية التي تظهر بالواجهة التمهيدية لأي قصيدة، وهي نمطان من ناحية ترابطيتها: وسائط بصرية ترابطية تشعبية، وأخرى بصرية غير ترابطية، ومن تلك الوسائط البصرية الترابطية النشطة بالواجهات التمهيدية للقصائد، أن كل وسيط من هذه الوسائط الآتية: (رجل على طريق، إوزة، قمر، بقع على طريق، فروع أشجار، عمود إنارة قصير...؛ يمثل الرابط الرئيس لولوج واجهة متن القصيدة الرقمية التفاعلية بالمجموعة، ومن ذلك (عمود الإنارة القصير)(9) بالواجهة التمهيدية للقصيدة الرقمية التفاعلية (وجعي أسن من المدى) كما بالشكل الآتي:

فهذه الواجهة البصرية التمهيدية للقصيدة، تحوي مجموعة وسائط هي: (طيور تطير بفضاء الواجهة، نافذة يمين الواجهة، طريق خال من المارة أو السيارات، جبل أسود، أشجار ضخمة بلا أوراق أمام الجبال يمين الواجهة، عمود إنارة قائم قصير)، وبالبحث عن (الوسيط البصري الترابطي) اكتشف الباحث أن (عمود الإنارة) هو الوسيط البصري الترابطي.

وتوظيف تلك الوسائط البصرية الترابطية لها دور كبير على المتلقي؛ لتجعله مستعداً بدلاً من مفاجأته بالمتن، كما أنها تثير انتباهه وتجذب انتباهه إلى ضرورة العثور على الرابط التفاعلي من بين تلك الوسائط؛ فيشعر بسعادة عثوره على الرابط، ليتحفز مرة ثانية بولوج نص القصيدة الرقمية التفاعلية.

- الوسيط البصري بواجهة متن القصيدة قبل ظهورها للمتلقي:

لقد وظف الوسيط البصري لتهيئة المتلقي لمطالعة متن القصيدة؛ وذلك نادر بالمجموعة، ومنها الوسيط البصري للقصيدة الرقمية التفاعلية (وجعي أسن)[10]، كما بالشكل:

الملاحظ أن (مكان القصيدة / القائمة المتدلية من أعلى) بها وسيط بصري لشكل غير مفهوم، وبالرجوع إلى متن القصيدة، في قول الشاعر:

(وجعي أسن من المدى وشقائي) في الشطر الأول للبيت الأول، والشطر الثاني للبيت الثاني في قوله (بخمار وجد بدمائي)، فالشطران يعبران عن ذلك الوسيط الذي هو في الحقيقة (امرأة مختمرة، وظهرها للمتلقي، لا يظهر إلا نصفها العلوي لجسمها) وتحتها دماء تتساقط منها، وقد ناسب توظيف دالة (الدماء) ورود آلة سيلان الدم (المُدَى) وهي (السكاكين) وليس المراد حقيقة الأمر، وإنما هو صور تعبيرية مجازية لتعبر عن الأوجاع التي يعاني منها الشاعر، ولذلك يطمح في نهاية تلك القصيدة في آمال الوصال والخروج مما هو فيه، كما

يتلهى العاشق في وصال عشيقته، فيقول الشاعر في البيت الثالث لتلك القصيدة الومضة الثلاثية:

«آمنت فيك كمعبر

نحو البهاء

ومركب نحو الفضا بسمائي»[11].

فالشاعر يتخذ من طموحه وآماله سبيلاً للوصال إلى عبور تلك الأوجاع التي تقطع أحشاءه ألماً وتمزقه وجعاً.

- الوسيط البصري بواجهة صفحة متن القصيدة الرقمية التفاعلية:

لقد وظفت وسائط عدة بالقائمة المتدلية لمتن القصيدة الرقمية، وبها وسيط بصري بعد تفعيل الكلمة الخافتة الأولى (الرابط التشعبي الكلمي: اسم أو فعل أو حرف) في متن القصيدة، فيظهر في بعض القصائد بواجهتها وسيط بصري، ثم يختفي ذلك الوسيط، لتظهر القصيدة مرة ثانية، ثم يضغط المتلقي على الكلمة الأخرى (الرابط التشعبي الكلمي) الخافتة لتظهر واضحة، فيظهر وسيطان أحدهما وسيط بصري له علاقة بمضمون النص الإبداعي للقصيدة ثم يختفي، والوسيط الآخر (دم أسود متجلط متشظ دائرياً) أعلى الصفحة أحياناً أو أسفلها، يميناً أو يساراً، وبعد الضغط على هذا الوسيط البصري (الدم) يظهر وسيط بصري ملغز غالباً له علاقة بمضمون القصيدة،

هذا الوسيط يظهر مكان أبيات المقطوعة الشعرية/ القصيدة الرقمية التفاعلية، ويظل ثابتاً بواجهة القصيدة، بديلاً عنها، وبالضغط على (الدم) يظهر وسيطان بصريان على جانبي واجهة الشاشة الرقمية التفاعلية للقصيدة، لصورة (جذور أشجار/ فروع) تمتد في صورة حركية ثم تثبت، لكنها قابلة للتفعيل (هايبرتكست) وبالضغط عليها تنقل المتلقي إلى قصيدة أخرى، غير مرتبة، بخلاف ما إذا أبحر المتلقي من النسخة التكنوورقية إلى الواجهة الرقمية التفاعلية، عبر (الباركود) فإنه يتنقل بنظام وترتيب، وبهذا يتضح الفرق بين النسختين التكنوورقية والرقمية التفاعلية لهذه المجموعة الشعرية (وجع مُسن) في أن النسخة التكنوورقية، ذات سيرورة خطية، خالية من الروابط أو حرية التنقل، بخلاف النسخة الرقمية التفاعلية للمجموعة فهي تبحر بطريقة عشوائية، غير مقيدة، فلا بداية ولا نهاية تقيد المتلقي للانطلاق منها.

- الوسائط البصرية رابط الدخول إلى النص الرقمي التفاعلي للقصيدة:

لا يستطيع المتلقي الولوج إلى أي قصيدة رقمية تفاعلية من أي أيقونات كتابية، فالأمر تطور في تجربة المبدع الرقمي د. مشتاق، فصار الوسيط البصري بديلاً عن الوسيط الإشاري/ الأيقوني، فهو الآن وسيط بصري، لكن ليت المتلقي يتعرفه لأول وهلة! فهو وسيط بصري تائه بوسائط الواجهة الرئيسة الرقمية التفاعلية، فيظل المتلقي يجرب بالنقر على الوسائط البصرية كلها، ثم يكتشف ذلك الوسيط

البصري الترابطي (الهايبر تكست) لنص القصيدة الرقمية التفاعلية، وبالضغط عليه تظهر قائمة متدلية من أعلى، تتحرك يميناً ويساراً.

- الوســـائط البصرية وعلاقتها بمضمـــون القصائد الرقمية التفاعلية:

في كل قصيدة تظهر مجموعة من الوسائط إحداها بالواجهة الرئيسة الرقمية التفاعلية للشاشة في أي قصيدة، والأخرى بواجهة القصيدة نفسها، وكلاهما يتعلقان بالقصائد؛ فالوسيط البصري يحاكي ما يود المبدع الإفصاح عنه، بخلاف النصوص الشعرية التقليدية حبيسة الكلمات، أما الشعر الرقمي التفاعلي، فقد صارت الوسائط البصرية إزاء الكلمات وسيلة تفاعل وتيسير لفهم المتلقي للصورة الشعرية الرقمية التفاعلية، ومن النماذج التي تبين أهمية الوسيط البصري وعلاقته بالدلالة، قصيدة (قفر رياضك)[12]، ووسيط شاشتها التمهيدية، كالآتي:

فالواجهة التمهيدية في يسارها (فروع أشجار قائمة على أصولها) بلا أوراق، وفي أسفلها نبت لا يزال ينمو ليكبر، إضافة إلى الفروع المتدلية أعلى يمين الواجهة، ومن خلال الإبحار بين تلك الوسائط البصرية، اكتشف الباحث أن (الرابط الرئيس الترابطي التفاعلي) للولوج إلى متن القصيدة هو (الأفرع المتدلية نحو اليسار) أعلى يمين الصفحة، وبالتوقف مع دلالات تلك الوسائط البصرية، فلا بد من نص القصيدة كله، كما بالشكل الآتي:

والملاحظ أن القصيدة ظهرت وحولها الوسائط البصرية للواجهة التمهيدية لها؛ وقد ظهرت الكلمات كاملة بعدما قام بتفعيل الكلمتين: (قفر/ مشاعلها) التي كتبتا بخط سميك، وبعد اقتصاص الباحث للقصيدة لتكون كلماتها واضحة، صار النص كاملاً، هكذا:

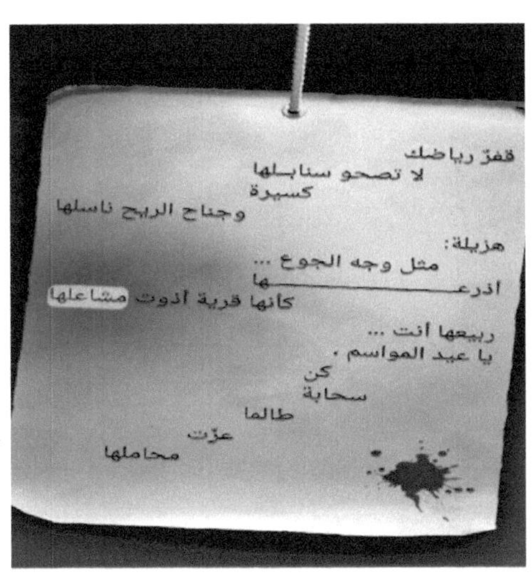

وبالتوقف عند علاقة (الوسائط البصرية) بنص القصيدة ومضمونها، يتضح أن الكلمات التي وظفها الشاعر بالقصيدة تعبر عن تلك (الوسائط البصرية)، فالبيت الأول يعبر عن الجدب والقحط الذي أصاب سنابل الأشجار، فصارت هزيلة منزوعة الأوراق، مثلما أطفئت مشاعل الهداية التي تستخدم بالقرى ليلاً للإضاءة، وقد رسم الشاعر تلك المعاني من خلال ما وظفه المبدع بوسيط (فروع الأشجار بلا أوراق)، فصارت تلك الرياض ضعيفة ذابلة مثل وجه إنسان جائع تظهر سمات الجوع والنحالة على وجهه.

لكن (عيد المواسم/ فصل الربيع) قد أعاد إليها البهاء والنضرة والإنبات باخضرار أوراقها، كما في البيت الثالث للقصيدة (يا عيد المواسم... كن سحابة) فاتخذ الصورة المجازية للربيع وكأنه سحابة ستمطر لتكون سبب النمو والاخضرار لتلك السنابل، وقد أكد المبدع هذا المعنى من خلال (فروع الأشجار) الكائنة بأرضية واجهة القصيدة

من أسفل؛ فهي نباتات صغيرة نامية، في طريقها إلى أن ترعرع وتكبر، خلافاً للوسيط البصري لـ(فروع الشجر الذابلة) على يسار الواجهة الرقمية للقصيدة، وبهذا تتعانق الدلالات وتتوازى بين الوسيط البصري والوسيط الكتابي للكلمات؛ وهذا لم يكن متوافراً في الوسيط الورقي التقليدي؛ فالكلمة كانت لها السلطة الأولى في التعبير، خلافاً للشعر الرقمي الذي أسهمت فيه الوسائط المتعددة والروابط المتشعبة بدور فاعل في رسم فكرة الشاعر وشعوره في نقل تجربته الإبداعية.

- الوسيط البصري مؤشـــر لنهاية أي قصيدة رقمية تفاعلية بالمجموعة:

تعد الوظيفة الختامية إحدى الوظائف التي اتخذها الشاعر للوسائط البصرية؛ ليشعر المتلقي بانتهاء قصيدته الرقمية التفاعلية؛ فعندما يفعل المتلقي الكلمتين الخافتتين، يظهر وسيط بصري (دماء متشظية) في نهاية كل قصيدة، كما بالشكل الآتي لواجهة متن القصيدة الرقمية التفاعلية (البعد والوجد والهجران...)[13]:

فحينما يضغط المتلقي على (الوسيط البصري للدماء المتشظية) فسيظهر له الوسيط البصري لـ(فروع الأشجار) من جانبي واجهة القصيدة، يؤذن بنهاية القصيدة الرقمية التفاعلية، وبضغط المتلقي على فروع الأشجار الترابطية، لينتقل المتلقي إلى قصيدة رقمية تفاعلية أخرى.

- الوسيط البصري فاصل انتقالي بعد نهاية القصيدة:

تعد وظيفة (الفصل) بين القصائد إحدى الوظائف التي ألبسها المبدع لبعض الوسائط البصرية التي تظهر ثابتة بعد انتهاء القصيدة؛ فبعد تفعيل كلمات القصيدة، والوصول إلى نهايتها يظهر وسيط بصري ثابت بواجهة متن القصيدة بديلاً عن القصيدة نفسها، وهو نادر جداً بالمجموعة؛ وفي هذا كشف عن آلية الإبداع وبعدها عن التقليدية؛ فهو عمل إبداعي تفاعلي، بتوظيف تلك الوسائط البصرية خلافاً للشعر التقليدي المكتفي بالوسيط اللساني للكلمات فحسب!

- التشكيل البصري لطبيعة الكتابة الشعرية للقصيدة الرقمية التفاعلية:

فقد اتخذ المبدع في مجموعته أنماطاً مغايرة للكتابة الشعرية القديمة، فلم يعد البيت الشعري في صورة خط أفقي، ولكنه أصبح في صورة تيبوجرافية مغايرة، من اليمين إلى أسفل يساراً، أو من اليسار إلى أعلى يميناً، أو في صورة رأسية ثم أفقية، أو كلمات في سلم تصاعدي أو تنازلي كل سطر، أو كلمات عدة، أو كلمة في سطر

شعري وحده... مما لم يكن معتاداً قبل ظهور الشعر الرقمي التفاعلي.

لم تكن الصورة الشعرية القديمة إلا مجرد مجاز مكتوب بالأحرف والكلمات في صورة تخييل، وحينما ظهر عصر الرقمنة، ودخل الأدب هذه الطفرة التكنولوجية استجدت بعض الأنماط الجديدة في رسم الصورة الشعرية الرقمية، فلم يكتف المبدع/ الشاعر بالمكتوب، وإنما وظف بعض الوسائط البصرية والصوتية لتحاكي تلك الحروف والكلمات المكتوبة، وبهذا صارت الصورة الشعرية الرقمية التفاعلية ذات نمطين: (نمط الكتابة بالحروف والكلامات في صورتها القديمة + الوسائط المتعددة)، مما كان سبباً في تحفيز المتلقي عن ذي قبل في الإبحار والمضي في تلقي الأعمال الإبداعية الرقمية التفاعلية بنفسية المتلقي المتحفز المتشوق؛ فالمتلقي حينما يلج الشاشة الرقمية التفاعلية للقصيدة يجد أرضية القصيدة وسماءها بألوان مغايرة لما كانت عليه أرضية القصيدة الورقية ذات اللون الأبيض الصامتة المجردة عن الوسيط البصري، وبهذا صار التشكيل التيبوجرافي لنمط كتابة القصيدة الرقمية التفاعلية ميزة لم تكن في الكتابة التقليدية للشعر العربي.

ومما سبق يخلص الباحث إلى أن الوسيط البصري لـ(فروع الأشجار المتساقطة أوراقها) أكثر وسيط ورد بالمجموعة كلها؛ وكأن الشاعر يعبر عن آماله وطموحاته؛ فرغم المعاناة والأوجاع المتمثلة في الأوراق الساقطة عن (فروع الأشجار) لكن تلك الأشجار لا تزال ثابتة بتربتها وأرضها التي نبتت بها، وفي هذا إشارة إلى المتلقي بالمحافظة على وطنه وهويته بأن يحفظهما من الضياع، حتى

وإن تعرضت أوطانه إلى مصائب، لكنها ستظل واقفة لا تنحني أمام التغيرات المؤلمة، إضافة إلى أن الواقع المعيش أوجاعه تتنوع كل يوم؛ ويؤكد هذا أن المبدع وظف وسائط بصرية بصفحة الواجهة الرقمية التفاعلية متنوعة؛ فكل قصيدة تظهر فيها وسائط بصرية متعددة تختلف عن غيرها من القصائد، وفي هذه الوسائط البصرية يكتشف المتلقي الرابط القابل للتفعيل لتظهر واجهة القصيدة مدلاة من أعلى الصفحة في صورة قائمة ورقية متحركة بالواجهة الرقمية التفاعلية.

المبحث الثالث:

الوسائط الحركية الرقمية التفاعلية لـ(وجع مُسن)

أولاً: حركية اسم المجموعة (وجع مُسن):

لقد وضع د. مشتاق اسم المجموعة تحت مسمى (قصيدة وجع مُسن)، بالواجهة الرقمية التفاعلية لموقعه الرقمي التفاعلي، وعند الضغط على ذلك الاسم، فإنه يحيل المتلقي إلى الشاشة الرقمية التفاعلية، التي تنتشر بها أوراق أشجار في صورة حركية بالواجهة، ثم تتجمع معاً حتى تُكوِّن كلمة (وجع مُسن)، فتظهر مكتوبة بخط منقوط، في صور نقاط بيضاء تتجمع مع بعضها وهي متباعدة، فتكتب بتلك النقاط.

ثانياً: حركية الوسائط البصرية بالواجهة الرئيسة:

أ – حركية الطيور الطائرة في سماء الواجهة الرقمية:

حينما يلج المتلقي الواجهة الرئيسة للمجموعة، يلاحظ أن هناك

طيوراً تطير من اليمين إلى اليسار، وكأن ذلك الاتجاه هو المؤشر الحقيقي للمتلقي لوصف طريق الإبحار؛ فالقصائد كلها لا يمكن الإبحار فيها من قصيدة إلى أخرى، إلا من جهة اليسار غالباً.

ب – حركية الواجهة نفسها:

وذلك حينما يمسك المتلقي بالماوس ويحركه، فيجد أن الواجهة تتحرك معه بصفة ثابتة، يمنة ويسرة.

ثالثاً: حركية القصائد:

أ – الحركية الثابتة لشاشـــة الواجهـــة الرقمية التفاعلية لأي قصيدة:

هناك وسائط بصرية ثابتة لا تتحرك، وأخرى قابلة للحركة، ومنها شاشة الواجهة الرقمية التفاعلية لأي قصيدة، فهي قابلة للحركة عبر الوسيط الحركي الحاسوبي (الماوس)؛ فإذا ثبت المتلقي يده على أزرار الماوس بالسحب، فإن الشاشة تتحرك يمنة ويسرة في مكانها.

ب – الحركية المستمرة لواجهة أي قصيدة رقمية تفاعلية:

لا تثبت واجهة القصيدة للمتلقي، وإنما تتحرك يمنة ويسرة دون ثبوت، وذلك يدل على التفاعلية؛ فالحركية هي مقابل معنوي للتفاعلية، فالمتلقي يتشوق للإبحار في المجموعة ويثار انتباهه من خلال تلك الحركية التفاعلية التي تحفز المتلقي إلى التركيز والانتباه البصري لاستكمال القصيدة.

جـ - حركية مكونات عنوان المجموعة زمن تحميل وسيط الواجهة الرئيسة للمجموعة:

يظهر الوسيط البصري الأسود لـ(أوراق الأشجار المتطايرة) في الشاشة بأكملها، لتتجمع في صورة حركية، لتكوّن (وجع مُسن) بلون أبيض؛ فمهما طال الوجع أو اليأس في الواقع المعيش؛ فالأمل كائن في رحم تلك الآلام، ولذلك حينما يبحر المتلقي من القصيدة الرقمية، فإنها تحيله إلى واجهة أخرى، مكتوب فيها جملة (التحميل %...) حتى تظهر الواجهة التمهيدية لما قبل واجهة متن القصيدة.

رابعاً: الوسيط الحركي الداخلي للقصيدة الرقمية:

تتسم قصيدة العمود الومضة لمجموعة (وجع مُسن) بالحركية في الواجهة الرئيسة لكل قصيدة، من أنماط عدة، وهي:

1 - حركية الشاشة الآنية لكل قصيدة:

حينما يمسك المتلقي (الماوس) ويحركه يمنة أو يسرى، مثبتاً إياه على الشاشة، فإن بعض الوسائط البصرية في الشاشة الرقمية التفاعلية تتحرك إذا حرك المتلقي (الماوس) يمنة أو يسرة بحركة ارتعاشية.

2 - حركية القصيدة الرقمية التفاعلية (القائمة المتدلية لنص القصيدة):

من المعتاد في الوسيط الورقي ثبات النص الشعري بالورق،

وعدم اتسامه بالوسيط الحركي، ولهذا كانت السمة الحركية إحدى الوسائط التفاعلية المهمة للمتلقي والمبدع والإبداع؛ فتفاعل المتلقي مع حركية الواجهة الرقمية يدفعه إلى الإصرار على مطالعة النص الشعري الرقمي؛ فحينما تظهر القائمة المتدلية من أعلى شاشة الواجهة الرئيسة لأي قصيدة وبها النص الشعري، مربوطة بحبل غليظ في صورة وسيط (ورقة أجندة)، تتسم تلك القائمة/ وسيط النص الرقمي التفاعلي بأنه يتحرك يمنة ويسرة ببطء شديد.

وتأتي وظيفة حركية القصيدة المدلاة من أعلى، بأنها أكسبت المتلقي تركيزاً بصريّاً (تآزراً بصريّاً حركيّاً) في قراءة البيت الشعري أو السطر والسير معه بالعين يمنة أو يسرة.

3 – حركية الطيور بالواجهات الرئيسة والفرعية للمجموعة والقصائد:

لقد وظف المبدع بمجموعته وسيطاً بصرياً (طيوراً) تطير بالواجهة الرئيسة للمجموعة، وكذلك في سماء القصائد الرقمية التفاعلية؛ متجهة إلى يمين الواجهات، وهي في الغالب صقور أو نسور، وفي هذا الاتجاه دلالة على التفاؤل والأمل؛ فاليمين من (اليمن/ البركة) مما يعبر عن طموح الشاعر فيبعثه من خلال حركية تلك الطيور من براءة وجمال، وما ترمز إليه من علو همتها بالبحث عن طعامها وشرابها، والجد والاجتهاد للنهوض من الأوجاع والآلام التي تقابل المتلقي في واقعه إلى مستقبل أفضل.

4 – حركية جذور الأشجار للانتقال من قصيدة إلى أخرى:

اتسمت الروابط التشعبية بمجموعة (وجع مُسن) بأنها كلها وسائط بصرية لا كلمات أو حروف، فاستغنى الشاعر عن الرابط الكلمي بالرابط البصري؛ فحينما يبحر المتلقي لينتقل من قصيدة إلى أخرى، وبالضغط على الوسيط البصري لـ(دماء متشظية) يمتد ظهوره في صورة حركية من جانبي واجهة القصيدة، متمثلاً في (فروع أشجار بلا أوراق) من يسار الصفحة ويمينها بصورة عرضية، في صورة (حركية) فتمتد ثم تثبت، ومنها ما يكون (رابطاً تشعبيّاً) للانتقال من قصيدة إلى أخرى، والباقي وسيط بصري غير تفاعلي.

5 – حركية التنقل من القصيدة الحالية إلى التالية:

عند النقر على الوسيط البصري الحركي الذي ظهر، فإنه ينقل المتلقي مبحراً به إلى القصيدة التالية في صورة (التحميل) للواجهة الرئيسة بظهور التشظي الحركي للنقاط أو أوراق الشجر المبعثرة بالواجهة كلها، لتظهر بعض الوسائط البصرية، وبالضغط على إحداها تظهر القائمة المدلاة للقصيدة الرقمية التفاعية.

6 – حريـــة الحركية في البداية أو النهايـــة بين التكنوورقية والرقمية التفاعلية:

لقد قيدت هذه المجموعة حرية التنقل في النسخة الرقمية، إذا أراد الباحث أن يبحر بالترتيب الموجود بالنسخة التكنوورقية، فالقصائد

مرتبة بالنسخة التكنوورقية حسب صفحات الكتاب، وبالتالي إذا أبحر المتلقي من النسخة التكنوورقية بالترتيب، وبقراءة الباركود، فإنه سيحال إلى النسخة الرقمية التفاعلية بالترتيب كذلك، لكنه إن اختار اختياراً عشوائيّاً من النسخة التكنوورقية سيحال إلى النسخة الرقمية المناسبة المكملة لها، وبهذا تختلف الطريقة إلى طرق ثلاث، حسبما يبحر بها المتلقي في البداية أو الوسط أو النهاية:

وقبل بيانها، هناك تساؤلات ثلاثة:

الأول – هل الإبحار يبدأ من النسخة التكنوورقية أم الرقمية التفاعلية؟

الثاني – من أين تبدأ نقطة الانطلاق للوصول إلى ساحل القصيدة الرقمية التفاعلية، هل من البداية، أم الوسط، أم النهاية؟

الثالث – هل يبحر المتلقي بطريقة عشوائية أم نظامية؟ ولبيان تلك التساؤلات، تتلخص طريقة الإبحار في ثلاث طرق:

أ – أبحر من التكنوورقية حسب ترتيب القصائد بها، عبر الباركود فإنه سيحال إلى تتمة القصيدة بالنسخة الرقمية التفاعلية بالترتيب أيضاً.

ب – أبحر من النسخة التكنوورقية بدون ترتيب، من البداية أو الوسط أو النهاية، من أي قصيدة، فإنه سيحال عبر (الباركود) إلى النسخة الرقمية التفاعلية بلا ترتيب أيضاً.

جـ – أبحر من النسخة الرقمية التفاعلية دون التكنوورقية، فإنه لن

يصل إلى كل القصائد الرقمية التفاعلية إلا بأعجوبة، فقد لا يستطيع الاطلاع عليها كلها.

7 – الحركية التكنولوجية الخارجية لبرنامج (الباركود):

يعد توظيف التقنيات التكنولوجية له كبير أثر في التوصل إلى توفير الوقت والجهد، ولذلك فإن المبدع قد وظف بالنسخة (التكنوورقية) ما يعرف بـ(الشفرة) لتكون مفتاح ولوج النسخة الرقمية التفاعلية؛ فحينما يستعين المتلقي بمعطيات التكنولوجيا لبرنامج (الباركود) ليتعرف الشفرة التكنوورقية، فهذه حركية خارجية لكون المتلقي يحمل البرنامج، ثم يضع البرنامج مسلطاً إياه على الشفرة التكنوورقية، فيظهر له الرابط الرقمي التفاعلي للقصيدة الرقمية التفاعلية، فينسخه على موقع (جوجل) لتظهر له في النهاية الواجهة التمهيدية لما قبل الواجهة الرئيسة لمتن القصيدة؛ ورغم أن تلك الخطوات خارجة عن حركية النص وتفاعليته، لكنها حركية المتلقي ليستطيع أن يعثر على النص الرقمي التفاعلي؛ فتلك الحركية الخارجية (الاستعانة بقراءة الشفرة بالباركود) تسهم في الوصول إلى واجهة القصيدة المقابلة في النسخة الشعرية الرقمية التفاعلية للمجموعة.

ومن هذا كله، يتضح أن الوسيط الحركي كان سمة أساسية منذ ولوج المجموعة؛ فالواجهة الرئيسة تتسم بحركية الطيور وغيرها، إضافة إلى أن القصيدة وهي معروضة بنصها تتحرك يمنة ويسرة، وكذلك حركية ظهور الوسيط البصري واختفائه، وذلك قبل ظهور نص القصيدة بصفحتها (القائمة المتدلية من أعلى) أو حركية ظهور

وسيط بصري يماثل مضمون القصيدة المعروضة، يظهر في أثناء عرض النص أيضاً، إلى جانب حركية الرابط التشعبي الذي يعد مفتاح التنقل بين القصائد وهو وسيط (فروع الأشجار بلا أوراق) على جانبي الشاشة الرقمية التفاعلية للقصيدة.

المبحث الرابع:

الوسائط السمعية

أولاً: الوسيط السمعي بالواجهة الرئيسة للمجموعة:

تعد الوسائط السمعية لعتبات العناوين الرئيسة أهم مدخل لفهم العمل الإبداعي من قبل المتلقي؛ فالوسيط الموسيقي مع الوسيط البصري وغيره على الواجهات أو الأغلفة يعد عتبة موضوعاتية لفهم النصوص، والكشف عن مضامينها من خلال العنوان؛ ولهذا وظف المبدع وسائط سمعية متنوعة عند فتح المتلقي للمجموعة من موقع المبدع نفسه بعيداً عن شفرة التكنوورقية.

عند فتح المجموعة من موقع د. مشتاق مباشرة، يجد بالواجهة وسيط الأمل قبل الألم، إنها الوسيط البصري لـ(هالة بيضاء) فارغة، وبالضغط عليها، تظهر مجموعة أوراق متناثرة تطير ناحية اليمين داخل تلك (الهالة البيضاء) مع بقاء الوسيط السمعي ذاته، ثم يظهر اسم المجموعة داخل (الهالة البيضاء) ليصبح لونها (رمادياً) والشاشة سوداء حوله، ومكتوب داخل تلك الهالة اسم المجموعة: (وجع مُسن) وعلى جانبيه (فروع أشجار بلا أوراق)، فتلك الهالة

مع وسيطها السمعي والبصري للواجهة المعبرة عن تلك المعاني أكدت أن الوسيط السمعي يعبر عما سيكون من أوجاع وآلام، ولهذا تتوازى عتبة عنوان المجموعة (وجع مُسن) مع ذلك الوسيط السمعي للمجموعة، فقد صارت الواجهة مع نغمات الوسيط الموسيقي الخارجي، كما بالشكل[14]:

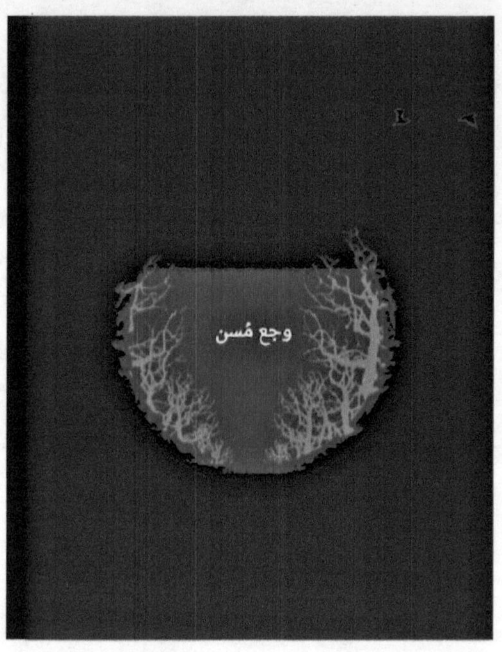

إضافة إلى وجود وسيط بصري متحرك لـ(طيور) تطير بالواجهة نحو اليمين الدال على الخير والفأل والأمان؛ فالشاعر يأمل ويطمح في مستقبل أفضل، لكن لم تورق آماله بعد ما يتمناه؛ فالوجع جرحه غائر، والعدو قد شحذ عتاده وعدته في القضاء على آماله وطموحاته، كـ(مدية/ سكين) حاد مهيأ للفتك والإهلاك، لكن الشاعر يتخذ من تلك

الوسائط البصرية بالواجهة (غصون الأشجار بلا أوراق) مصدر وجود للأمل في جذر قلبه، حتى وإن لم تتحقق في واقعه، فيظل الوسيط السمعي – بأناته وآهاته الموسيقية – مصاحباً لتلك المعاني ليتضح للمتلقي أن ما يوده الشاعر من خلال مجموعته هو أمل ربما يتحقق.

ثانياً: الوسائط السمعية للواجهة الرقمية للقصائد:

1 – الوسيط السمعي لواجهة القصائد حال الإبحار من (جوجل):

تختلف الواجهة الرقمية للمتلقي حسب طريقة دخوله المجموعة، فالدخول من موقع (جوجل) بعد الضغط على اسم المجموعة (وجع مُسن)، يظهر (مجموعة لأفرع الأشجار بلا أوراق) يسار الواجهة، ومعها نغمات موسيقية حزينة، لا تتوقف طوال الوقت إلا إذا أوقفها المتلقي، وكأن تلك الموسيقى (حافز مصاحب) للمتلقي يتناسب مع طبيعة المضمون؛ ليستمر في الإبحار بقراءة القصيدة المصاحبة لتلك الموسيقى الحزينة؛ فالنص والموسيقى معادلان موضوعيان للمعنى المراد في القصيدة.

2 – الإبحار من الشفرة التكنوورقية إلى الرابط الرقمي التفاعلي:

لقد تميزت هذه المجموعة (وجع مُسن) بميزة في وسيطها الموسيقي السمعي حسب طريقة ولوجها؛ فإذا أراد المتلقي أن يبحر

في النسخة الرقمية التفاعلية من خلال الشفرة الباركودية التكنوورقية؛ فإن الوسيط الموسيقي السمعي لا يكون متاحاً، خاصة إن أبحر بدون ترتيب من بداية القصيدة الأولى التكنوورقية، أما إذا أبحر المتلقي من (جوجل) مباشرة من الواجهة الرئيسة لموقع المبدع د. مشتاق، فإن الوسيط السمعي للموسيقى مع كل القصائد لا يتوقف، ويكون متاحاً حال الإبحار عبر القصائد الرقمية التفاعلية كلها، وبهذا قيد المبدع المتلقي في إتاحة الوسيط السمعي له بأن يبحر بداية من الواجهة الرئيسة للمجموعة حتى يتاح الوسيط الموسيقي طواله إبحاره، وبهذه السمة الوسائطية السمعية يمكن للمتلقي ألا يتقيد بالنسخة التكنوورقية لمجموعة (وجع مُسن)؛ فإذا أبحر من الواجهة الرئيسة للمجموعة؛ فإن أول قصيدة يجدها في الواجهة الرقمية التفاعلية هي المكملة للقصيدة الورقية الرابعة، المسماة (شريعة النماء)[15]، وفيها تظل النغمة الموسيقية طوال القصيدة لا تتوقف، إلا إذا أوقفها المتلقي بيده، ولا يؤثر ذلك الإيقاف الموسيقي في إبحار المتلقي مع القصيدة المفتوحة بالواجهة الرقمية التفاعلية.

3 – الوسيط السمعي والتأويل الدلالي للقصائد الرقمية التفاعلية:

لقد تخير المبدع والمصمم الوسيط السمعي الذي يتناسب مع مضمون القصائد الرقمية التفاعلية بمجموعة (وجع مُسن)، ومن أهم النماذج التي تبين ذلك، القصيدة الرقمية التفاعلية التي مطلعها: (كدورة حباتها المسبحة)[16]، وهي كما بالشكل الآتي:

وبرصد العلاقة بين الوسيط السمعي لهذه القصيدة الرقمية التفاعلية وعلاقته بمضمونها؛ فإن الوسيط الموسيقي لهذه القصيدة جاء في صورة إنذار مرتقب وتهيئة لجوّ إسالة دماء وقتل وذبح، يتبعه نغمة إطلاق رصاصات، وهذا كله يتناسب مع طبيعة القصيدة؛ فالشاعر يصور بألفاظه ما يعبر عنه الوسيط السمعي؛ فقوله (كدورة حباتها المسبحة * تدور تباعاً إلى المذبحة)، وكأن هناك مجموعة من الناس حكم عليهم بالقتل؛ فيقدمون تباعاً الواحد تلو الآخر، مثل حبات (المسبحة) التي يسبّح بها المرء واحدة واحدة تلو الأخرى، وهنا

مفارقة تباينية للمعنى؛ فالذي يستخدم (المسبحة) يكون متلهفاً متشوقاً آملاً في غفران ربه وقبوله له محباً لذكر الله، بخلاف الذي يقدم إلى المذبح؛ فإنه يكون مذعوراً يائساً حزيناً، فالشاعر عبّر بالوسيط السمعي (الرصاصات) لتحاكي ذلك الخوف والفزع الذي يشعر به من يقدم إلى المذبحة، وليس المراد حقيقة الألفاظ، وإنما المراد العدو الذي يترصد للعروبة هوية ووطناً، ويفعل بها ما شاء.

كما أن الأمر لا يتوقف على التقدم إلى المذبح واحداً تلو الآخر، فيبين الشاعر طريقة القتل التي يذبح بها الرجل؛ فيقول الشاعر: (تعب مناشيرها المقصلات على دمن الحر كي تسفحه) فتستخدم (المناشير جمع منشار) المقصلات (الحادة القاطعة) التي لا تكل ولا تثلم في الذبح والقطع، وهذه الطبيعة تتسم بها (البندقية)، فالزناد إذا أطلق قتل، فصار الإنسان كذبيحة سال دمها مسفوحاً لكثرة الأوجاع والآلام والمصائب والاضطرابات الواقعية في مجتمعه.

ثم يتخذ الشاعر الوسيط البصري (الترابطي للقمر/ الرابط الرئيس للقصيدة) بواجهة الشاشة سبيل أمل وشعاع نور، ليختم قصيدته بالرغبة في تغير الواقع إلى الأفضل في سلام وأمان وطمأنينة، بقوله في ختام القصيدة (لنرجع حباتنا في ضياك * تألق أنوارها المفرحة) فهو يودّ متلمساً من ضوء القمر في تغير تلك الأوجاع (الدماء) والأحزان التي أصابته من واقعه الأليم إلى التفاؤل والأمل وغد مشرق، بلا أوجاع أو دماء أو اضطرابات.

المبحث الخامس:

الوسيط اللساني للكلمات

1 - الكلمة أساس القصيدة الرقمية التفاعلية:

إن أي عمل إبداعي، لا يمكن مطالعته أو العثور عليه إلا من خلال أهم علامة لغوية (الكلمة) فهي العنوان، وهي المادة الخام التي تنسج منها الإبداعات الأدبية؛ ولهذا فالمتلقي لا يستطيع أن يكتشف فكرة القصيدة الرقمية التي بين أيدينا إلا من خلال (وسيطها اللساني لعتبة العنوان)؛ وليس هذا كافياً، فمجرد العنوان لا يعني ولوج القصيدة، ولذلك تأتي أهمية الكلمة في كونها (رابطاً تشعبيّاً) فصار اسم المجموعة (وجع مُسن) هو الرابط التشعبي الرئيس لولوج القصائد الرقمية التفاعلية؛ وبهذا صارت الكتابة الرقمية «تتسم بكونها كتابة ترابطية (Ecriture hypertextuelle) فعالة بامتياز، وتعني الترابطية أن النص الرقمي نص متشعب يعج بالروابط والعقد، ويقوم على علاقات رقمية داخلية وخارجية، ونسميه النص المتشعب (Hpertexte) أو النص المترابط، ويسميه نبيل علي: النص الفائق»[17]، فتفعيل المتلقي لعنوان المجموعة (وجع مُسن) يدخله في واجهات القصائد الرقمية التفاعلية.

2 - الوسـيط اللسـاني للكلمات علامة كـبرى للقصائد الرقمية التفاعلية:

إن أهم وظيفة لعنونة المجموعة بالوسيط الكلمي يثير المتلقي بما يحويه من الشحنات الدلالية التي تشعها تلك العتبة؛ فكلمات العنوان: (وجع مُسن) تدل على الضعف والوهن والعجز وقرب النهاية، لا للرجل، وإنما لكل ما يتكلم عنه الشاعر في المجموعة (الموضوع الأكبر/ العلامة الكبرى). كما لحظت أن الشجر له دور كبير في المجموعة، فالشجر بلا أوراق؛ فهو طموح الشاعر وسط أوجاعه التي أصيب بها واقع موطنه وعروبته، وسيظل وطنه وهويته مغروسين في قلبه؛ فهما أشجار بجذورها، فستبقى رغم تساقط أوراقها!

3 - الكلمة رابط تشعبي أساسي بالقصيدة الرقمية التفاعلية:

لا يستطيع المتلقي أن يقرأ كل كلمات القصيدة الرقمية التفاعلية؛ ففي كل قصيدة كلمتان باهتتان قابلتان للتفعيل، ولا يمكن الانتقال من القصيدة إلى غيرها إلا بتفعيلهما؛ وبهذا صارت «الحمولة الدلالية للكلمة تغيب عن ذهن المتلقي، وتترسخ في المقابل وظيفتها المعلوماتية أي: مجرد قنطرة لولوج فضاءات أو عقد غير منتظمة»[18]، وهذا واضح في كل قصيدة رقمية تفاعلية؛ فكل قصيدة فيها (رابطان تشعبيان لكلمتين خافتتين) ليؤكد الشاعر أن القصيدة بدون (الوسيط اللساني للكلمات) لا يكتمل معناها ولا لفظها.

4 - شفرة التواصل بين التكنوورقية والرقمية التفاعلية ودور الوسيط اللساني:

إن ولوج القصيدة التكنوورقية هو مفتاح ولوج القصيدة الرقمية التفاعلية المقابلة لها، تلك الشفرة موجودة بين ثنايا كلمات أبيات القصيدة؛ وهذا يبين أهمية الكلمة، فلولا وجود النص الشعري بالنسخة التكنوورقية، لما وظف الشاعر تلك (الشفرات) في ثنايا أبيات القصيدة؛ فأهمية (الشفرات) تكمن في كونها أساساً في انتقال المتلقي من النسخة التكنوورقية إلى الواجهة الرقمية التفاعلية.

5 - التجديد التيبوجرافي للكتابة الرقمية التفاعلية في رسم كلمات القصيدة:

لم تعد القصيدة الرقمية التفاعلية تلتزم القراءة الخطية، وإنما صارت تجيء بطرق عدة، متعرجة أو تصاعدية أو تنازلية، كما أنها لم تعد تتسم بتكثيف الأسطر الشعرية، رغم تكثيف قصيدة (العمود الومضة) للألفاظ والمعاني؛ فقد وزع المبدع كثيراً من السطور الشعرية بالقصيدة الرقمية التفاعلية بطريقة فردية للكلمة أو الكلمتين، وبهذا توافرت سمة (اللاخطية) في كتابة كلمات القصيدة، إضافة إلى سمة (التوزيعية).

هوامش الفصل الثاني:

1 – وجع مُسن «قصائد تكنوورقية من العمود الومضة»: د. مشتاق عباس معن، دار الكفيل للطباعة والنشر والتوزيع، بغداد، الطبعة الأولى، 2019م، ص77.

2 – http://bit.ly/wmsn19

3 – http://dr – mushtaq.iq/msn/p8.html

4 – http://dr – mushtaq.iq/msn/p3.html

5 – http://dr – mushtaq.iq/msn/p21.html

6 – http://dr – mushtaq.iq/msn/p13.html

7 – http://dr – mushtaq.iq/msn/p10.html

8 – أدب الأطفال الرقمي/ التفاعلي «بين سلطة الرابط وتأثير الوسيط»: د. منتصر نبيه محمد، دائرة الثقافة، الشارقة، الطبعة الأولى، 2020م، ص215.

9 – http://dr – mushtaq.iq/msn/p15.html

10 – http://dr – mushtaq.iq/msn/p15.html?fbclid=IwAR1AoKdHoqQIsKhPzDRuzn6kPYY450OlP2UdQYtSIik5rsiW3BlT4bVAQWw

11 – لمطالعة الوسيط البصري للقصيدة بالرابط:

http://dr – mushtaq.iq/msn/p15.html?fbclid=IwAR1AoKdHoqQIsKhPzDRuzn6kPYY450OlP2UdQYtSIik5rsiW3BlT4bVAQWw

12 – http://dr – mushtaq.iq/msn/p17.html

13 – http://dr – mushtaq.iq/msn/p7.html

14 – https://dr – mushtaq.iq/msn/index.html

15 – وجع مُسن: ص21.

16 – http://dr – mushtaq.iq/msn/p5.html

17 – الأدب الرقمي: جميل حمداوي، ص118.

18 – شعرية النص التفاعلي: ص45 – 46.

نتائج وتوصيات الدراسة

وفي نهاية هذا البحث، خلص الباحث إلى أهم النتائج، ومنها:

1 – مرت الوسائط الناقلة للنصوص عامة بمراحل سبع، هي: الوسيط الكتابي الطيني، المرحلة الشفاهية (الرواية)، مرحلة التدوين (الكتابة)، الآلة الكاتبة والوسيط الورقي (المطبوع)، المرحلة الإلكترونية (الوسيط الحاسوبي)، مرحلة الرقمية التفاعلية، الوسيط التكنوورقي.

2 – النص الإلكتروني في كونه متاحاً فقط على الحاسوب، بخلاف النص التفاعلي، فلا يكتفي بالحاسوب، وإنما يستلزم أن يكون الحاسوب متصلاً بالشبكة؛ لتتاح صفة الرقمية والتفاعلية في آن واحد.

3 – لقد تميزت النصوص الرقمية التفاعلية عن النصوص التقليدية، في كونها تحررت من المادية والخطية وتقييد المتلقي و...، كما أنها وظفت (الوسائط المتعددة والروابط المتشعبة) التي جعلتها تتسم بالتفاعلية.

4 – لقد سبق د. مشتاق معن ببعض التجارب، أمثال الشاعر (علي

الدميني) من السعودية في مجموعته الشعرية بعنوان (رياح المواقع 1987م) التي أبدى فيها جرأة لافتة في التجريب والإفادة من الأجناس الأدبية والفنية الأخرى، منتقلاً من (الاستعارة/ القصيدة) إلى ما أسميته بـ(الاستعارة/ الديوان)، وكذلك الشاعر المصري (علاء عبد الهادي)، في مجموعته الشعرية (مهمل.. تستدلون عليه بظل 2007م) وغيرها من الأعمال، لكنها اكتملت على يد د. مشتاق 2007م.

5 – لم يكن رائد الشعر الرقمي التفاعلي (د. مشتاق معن) وحده دون غيره على الساحة العربية الإبداعية، وإنما ظهرت تجارب أخرى أمثال (منعم الأزرق) في أولى تجاربه (2008م)، وكذلك حمزة قريرة وعمر هزاع....

6 – تعد مجموعة (وجع مُسن: عينة للدراسة) أحدث إنتاج إبداعي في الشعرية الرقمية التفاعلية لمستقبل الشعر العربي حالياً بصورتيها التكنوورقية والرقمية التفاعلية؛ فتاريخ إبداعها عام (2021م)، وقد جاءت في (21) قصيدة تكنوورقية، والمقابل لها في الواجهة الرقمية التفاعلية (21) قصيدة رقمية تفاعلية كذلك؛ فالمجموع (42) قصيدة في صورتيهما.

7 – تعد قصيدة الومضة امتداداً لما عرفه النقاد قديماً في الأدب لفني (التوقيعات، المقطوعات الشعرية) إلا أن قصيدة (العمود الومضة) تختلف في كونها تتصف بخصائص ست، هي: (العمودية) و(المحدودية) و(الاستغراقية) و(التكاملية) و(الإيماضية) و(التكثيفية).

– المتلقي لن يكتشف سواحل النسخة الرقمية أو الإبحار فيها، إلا

بالعبور بقنطرة النسخة التكنوورقية بقراءة أكوادها، والبحث بـ(رابط قارئ الباركود) للإبحار في النسخة الرقمية التفاعلية، ولذلك فإن المتلقي يبدأ قراءة المجموعة من النسخة التكنوورقية أولاً، ثم يدلف من خلال روابطها إلى النسخة الرقمية التفاعلية.

8 – الملاحظ على الأوزان الشعرية للقصائد الرقمية التفاعلية لمجموعة (وجع مُسن) أن المبدع لم يخرج عن الأوزان الخليلية لقصيدة (العمود الومضة)؛ فكل المجموعة – وجع مُسن – جاءت عمودية على أوزان الخليل بن أحمد، فهي تجديدية الشكل والإبداع، عتيقة الوزن.

9 – يتصدر (بحر الكامل) المرتبة الأولى في النسخة الرقمية التفاعلية بوروده (ست مرات) من جملة (عشرين قصيدة) رقمية تفاعلية؛ وهي نسبة ربع القصائد 25.3 % تقريباً، ومن بعده (بحر البسيط) بنسبة 25 %.

10 – أكثر الحروف وردت (رويّاً) هما حرفا (الكاف، اللام) فقد ورد كل منهما ثلاث مرات (ست قصائد) رويّاً من جملة (21) قصيدة رقمية تفاعلية، وأما حرفا (التاء، الفاء) فقد ورد كل منهما مرتين بواقع (أربع قصائد رقمية تفاعلية).

11 – ومن السمات التجديدية في الشعر الرقمي أن المبدع اتخذ من التصريع أساساً لبداية كل قصيدة رقمية تفاعلية، وكأن نغمات الموسيقى التصريعية للحروف تتناسق متوازية مع الوسيط السمعي للواجهة الرقمية التفاعلية في أثناء عرض القصيدة الرقمية التفاعلية.

12 – لا يمكن للمتلقي أن يبحر في الموقع إلا بالدخول من شفرة (الباركود) النسخة الورقية؛ ومن ثَمَّ، فإنَّ القصيدة لا يمكن أن تستقلَّ في إحدى النسختين باسم (قصيدة) وحدها، وإنما يكتمل مضمون القصيدة بالإبحار من النسخة الورقية للولوج إلى النسخة الرقمية المكملة لتلك القصيدة الورقية.

13 – لم يصدر الشاعر قصائد الواجهة الرقمية التفاعلية، وكأن ما ينتظره المتلقي في النسخة التكنوورقية قبل كل قصيدة هو التصدير اللغوي بالوسائط اللغوية للكلمات، هو ذاته الوقت الزمني الذي يقابله بالواجهة الرقمية التفاعلية (وقت التحميل) فهي تماثل تشاكلي زمني للمتلقي حال ولوج القصائد بالمجموعة في واجهتيها التكنوورقية والرقمية التفاعلية.

14 – وظف الشاعر بعض الوسائط البصرية ليحاكي الصور الشعرية المجازية الحسية، فينسج منهما معاً خيوط (صوره المبتكرة البكر)، فهو يوظف بعض الكلمات اللغوية في غير ما اعتاد عليه المتلقي في الشعر العربي، خاصة حال تشكيل صوره الشعرية بتراسل الحواس بين حاستي (الشم) و(التذوق).

15 – القصيدة التكنوورقية مرقمة بالترتيب، لكن المتلقي حينما يبحر بانتظام من النسخة التكنوورقية يجد أنه يصل إلى قصائد رقمية تفاعلية غير مرقمة؛ فهذه سمة (العشوائية) التي تميز القصيدة الرقمية التفاعلية عن التكنوورقية، رغم أن المتلقي لم يستطع الإبحار إلى الرقمية التفاعلية إلا من التكنوورقية!

16 – تنوعت الروابط التشعبية بالمجموعة في كونها تحمل

وظيفتين؛ ما بين وسيط بصري ووسيط كلمي، وفي الوقت ذاته قد تحمل وظيفة (الرابط التشعبي)، إضافة إلى أن تلك الروابط لم تكن مباشرة في عثور المتلقي عليها؛ لكنها تائهة بالواجهة الرقمية التفاعلية؛ فيظل المتلقي يبحث عنها بالواجهة الرقمية التفاعلية.

17 – تنوعت أنماط الوسائط البصرية للمجموعة، فكان منها: (الوسائط البصرية المتحركة باستمرارية، الوسائط البصرية الثابتة المتحركة، الوسائط البصرية المتحركة الثابتة، الوسائط البصرية الثابتة)، ومن أهمها الوسيط البصري لعتبة المجموعة؛ فهو وسيط بصري ترابطي، إضافة إلى تعدد الوسائط البصرية الترابطية للواجهة التمهيدية التي تسبق ظهور القصيدة.

18 – الوسيط الحركي كان سمة أساسية منذ ولوج المجموعة؛ فالواجهة الرئيسة تتسم بحركية الطيور وغيرها، إضافة إلى أن القصيدة وهي معروضة بنصها تتحرك يمنة ويسرة، وكذلك حركية ظهور الوسيط البصري واختفائه، إضافة إلى حركية الرابط التشعبي الذي يعد مفتاح التنقل بين القصائد، وهو وسيط (فروع الأشجار بلا أوراق)، وغيرها من الوسائط الأخرى.

19 – لقد وظف المبدع (الوسيط السمعي) للقصائد؛ لكن لا يمكن للمتلقي أن يتفاعل معه إلا إذا دخل من خلال الشفرة الكودية، أو الموقع الرسمي للمبدع.

20 – للوسيط اللساني أهمية كبرى؛ فهو عتبة عنوان المجموعة، كما أن المتلقي لا تظهر له كل كلمات القصيدة الرقمية التفاعلية؛ ففي

كل قصيدة كلمتان باهتتان ترابطيتان قابلتان للتفعيل؛ فأصبحت الكلمة رابطاً تشعبيّاً لا يمكن فهم النص الرقمي التفاعلي إلا من خلال وسيط (الكلمة).

توصيات الدراسة:

يوصي الباحث بأهم الدراسات المقترحة:

1 – الأجناس الأدبية بين الوسيط الورقي والرقمي.

2 – بنية القصيدة العربية من العمودية إلى العمود الومضة (دراسة تفكيكية).

3 – الصورة الشعرية بين الخطية والتيبوجرافية في ضوء النقد الرقمي التفاعلي.

قائمة المصادر والمراجع

- الموقع الرسمي للمبدع د. مشتاق معن (عينة الدراسة):

https://dr – mushtaq.iq/

أولاً – المصادر:

- زهر الأكم في الأمثال والحكم المؤلف: الحسن بن مسعود نور الدين اليوسي (ت 1102هـ) حققه: د. محمد حجي، د. محمد الأخضر، الشركة الجديدة – دار الثقافة، الدار البيضاء – المغرب، الطبعة الأولى، 1401هـ – 1981م.

- الصناعتين: الحسن بن عبد الله بن سهل العسكري (ت نحو 395هـ) حققه: علي محمد البجاوي ومحمد أبو الفضل إبراهيم، المكتبة العنصرية – بيروت، 1998م.

- العقد الفريد: أحمد بن محمد بن عبد ربه الأندلسي (ت 328هـ)، دار الكتب العلمية – بيروت الطبعة الأولى، 1404هـ.

- العمدة في صناعة الشعر ونقده: لأبي علي الحسن بن رشيق القيرواني، مطبعة السعادة، مصر، ط1، 1907م.

- نهاج البلغاء وسراج الأدباء: لأبي الحسين حازم القرطاجني، حققه: محمد الحبيب بن الخوجة، الدار العربية للكتاب، تونس، ط3، 2008م.

- نقد الشعر: قدامة بن جعفر بن قدامة بن زياد البغدادي، أبو الفرج (ت 337هـ)، مطبعة الجوائب – قسطنطينية، الطبعة الأولى، 1302هـ.

- الكافي في العروض والقوافي: للخطيب التبريزي، حققه: الحساني حسن عبد الله، مكتبة الخانجي، القاهرة، ط3، 1415هـ – 1994م.

ثانياً – المراجع:

– أدب الأطفال الرقمي/ التفاعلي «بين سلطة الرابط وتأثير الوسيط»: د. منتصر نبيه محمد، دائرة الثقافة – الشارقة، الطبعة الأولى، 2020م.

– الأدب الرقمي «أسـئلة ثقافية وتأملات مفاهيمية»: د. زهور كرام، رؤية للنشر والتوزيع، القاهرة، الطبعة الأولى، 2009م.

– أصول النقد الأدبي: د/. أحمد الشايب، مكتبة النهضة المصرية، ط10، 1994م.

– أوزان الشعر: د. مصطفى حركات، الدار الثقافية للنشر، القاهرة، ط1، 1418هـ – 1998م.

– بنية القصيـدة الرقمية لدى تميم البرغوثي «قصائد اليوتيوب أنموذجاً»: إعداد: بن عيسى ريمة، جامعة محمد خيضر، بسكرة، كلية الآداب واللغات، 2020م.

– تحليل الخطاب الشـعري (استراتيجية التناص): د. محمد مفتاح، الدار البيضاء – بيروت، ط3، 1992م.

– التفاعـل الفني الأدبي في الشـعر الرقمي «قصيدة: شـجر البوغـاز أنموذجاً»: عايـدة نصـر الله، إيمان يونس، الينبـوع: مركز أبحاث اللغـة، المجتمع، والثقافة العربية، المعهد الأكاديمي للتربية بيت بيرل – ألمانيا، 2015م.

– الزنزانـة رقم 06 (الجزء التنظيري): د. حمـزة قريرة، دار عناوين BOOKS، حضرموت، الطبعة الأولى، 2021م.

– شـعر التفعيـلات وقضايـا أخـرى «دراسـة في خطاب مشـتاق عبـاس معن الشـعري»: د. عبد الله بن أحمـد الفيفي، دار الفراهيدي للنشـر والتوزيع، بغداد، الطبعة الأولى، 2011م.

– شعرية النص العنكبوتي: د. عبد العزيز مناصرة، مجلة فصول، الهيئة المصرية العامة للكتاب، القاهرة، العدد (79) شتاء – ربيع، 2011م.

– عصر الوسـيط «أبجدية الأيقونة» دراسة في الأدب التفاعلي الرقمي: د، عادل نذير: دار كُتَّاب ناشرون، بيروت – لبنان، 2010م.

– العرب وعصر المعلومات: د. نبيل علي، سلسلة عالم المعرفة، المجلس الوطني للثقافة والفنون والآداب، الكويت، عدد يناير، 1994م.

– عـن بنـاء القصيـدة العربيـة الحديثة: د. علي عشـري زايد، مكتبة ابن سـينا، القاهرة، الطبعة الرابعة، 2002م.

– قضايا الشعر المعاصر: نازك الملائكة، مكتبة النهضة، الطبعة الثالثة، 1967م.

– من النص إلى النص المترابط: د. سعيد يقطين، المركز الثقافي العربي، الدار البيضاء – المغرب، الطبعة الأولى، 2005م.

– موسيقى الشعر: د. إبراهيم أنيس، مكتبة الأنجلو المصرية، ط2، 1952م.

– وجع مُسن «قصائد تكنوورقية من العمود الومضة»: د. مشتاق عباس معن، دار الكفيل للطباعة والنشر والتوزيع، بغداد، الطبعة الأولى، 2019م.

الرسائل العلمية:

– تعدد الأصوات في الشعر الرقمي «لا متناهيات الجدار الناري لمشتاق عباس» – عينة: إعداد الطالبتين/ هاجر رحيم، منال طرباخ، مذكرة متطلبات ماجستير (ماستر)، جامعة قاصدي مرباح – الجزائر، كلية الآداب واللغات، 2020م.

– الثقافة الرقمية وهندسة العرض في قصيدة لا متناهيات الجدار الناري لمشتاق معن: إعداد الطالبة خولة بن فاطمة، مذكرة (ماستر) ماجستير جامعة محمد خيضر، بسكرة، كلية الآداب واللغات، قسم الآداب واللغة العربية، 2018م.

– مهوى التفاحة «مقاربة مشروع مشتاق عباس معن في العمود الومضة»: د. عباس رشيد الدده، دار الفراهيدي للنشر والتوزيع، بغداد، الطبعة الأولى، 2015م.

الدوريات العلمية:

– أثر تغير نمط رواية القصة الرقمية القائمة على الويب، على التحصيل وتنمية بعض مهارات التفكير الناقد والاتجاه نحوها: إعداد: د. نادر سعيد علي شيمي، مجلة الجمعية المصرية لتكنولوجيا التعليم، العدد (3) المجلد (19)، يوليو 2009م.

– التفاعلية في «لا متناهيات الجدار الناري»: إعداد: إيمان ملال، نعيمة مقداد، مجلة (المدونة)، مخبر الدراسات الأدبية والنقدية بقسم اللغة العربية وآدابها، كلية الآداب واللغات – جامعة البليدة 2 – الجزائر، المجلد الثامن، العدد الرابع، أكتوبر – 2021م.

– النص الأدبي من الشفهية إلى الرقمية رؤية في المفهوم والمرجعية والآفاق النقدية: 89.

– دلالة الصورة المرئية في تباريح رقمية «مقاربة سيميائية»: د. وداد بن عافية، مجلة العلوم الاجتماعية والإنسانية، جامعة باتنة (1) العدد 36 يونيو – 2017م.

المجلات الإلكترونية:

– مقـال (النص الرقمي وأجناسـه «قراءة في واقع منتـج النص الرقمي في العالم العربي»): إعداد: السيد نجم، مجلة (الكلمة)، مجلة أدبية فكرية شهرية، العدد (19) يوليو 2008م، على الرابط: http://www.alkalimah.net/Articles/Read/1435

– (الأدب والتكنولوجيا: «القصيدة التفاعلية عباس مشـتاق أنموذجاً»): د. فاطمة البحراني، مجلة (عود الند) (مجلة فصلية ثقافية)، العدد (18) 2007/11م. كان متاحاً 2021/10/26م، على الرابط: https://www.oudnad.net/spip.php?article2456

– مقـال (النص الرقمي وأجناسـه «قراءة في واقع منتـج النص الرقمي في العالم العربي»): إعداد: السيد نجم، مجلة (الكلمة)، مجلة أدبية فكرية شهرية، العدد (19) يوليو 2008م، على الرابط: http://www.alkalimah.net/Articles/Read/1435

المقالات الإلكترونية:

– (الأدب الرقمي سـمة ومسـتقبل العصر): كتبه: د. عبد الرحمن المحسني، نشر بتاريـخ 2019/10/28م، كان متاحاً ظهر السـبت 2021/10/30م، على موقع (ميدل إيست) على الرابط: https://middle – east – online.com/%D8%A7%D9%84% D8%A3%D8%AF%D81 – %

– (الرقميـة وتحـولات القـراءة والكتابـة): إعـداد: محمد أسـليم، علـى موقعه الشـخصي، الإصـدار الثالـث، 2012م، نشـر بتاريـخ (2012/9/5م) كان متاحـاً مساء السـبت (2021/10/30م، على الرابط: http://www.aslim.ma/site/articles.php?action=view&id=118

– (رواية الواقعية الرقمية «محمد سناجلة وميلاد أدب عربي جديد»): كتبه: أحمد فضل شبلول، موقع (ناشري).

– (القصيـدة الرقمية الفن هو تكنولوجيا الروح): مرح البقاعي، كان متاحاً صباح الثلاثاء، الموافـق: 2021/10/26م، على الرابط: https://www.ahewar.org/debat/show.art.asp?aid=26282

– القصيـدة التفاعليـة الرقمية (قصيدة الحب يتكلم كل اللغـات): د. حمزة قريرة، على الرابط: https://www.litartint.com/

– الأدب الرقمي «أسئلة ثقافية وتأملات مفاهيمية».

– الأدب الرقمي بين النظرية والتطبيق (نحو المقاربة الوسائطية).

– مدخل إلى الأدب التفاعلي.

– الروايــة التفاعلية، رابطها بالمدونة الشــخصية لمبدعها علــى الرابط: https://www.litartint.com/2018/11/blog – post.html

– بــاص الجامعة: نــواة روائية تفاعليــة، رابطها بالمدونة علــى الرابط: https://www.litartint.com/2020/02/university – bus.html

– علــى بعد ملمتر واحد فقط – رواية على الرابط: https://www.facebook.com/rewayaonline/

– روايــة فيســبوكية تفاعليــة، علــى الرابــط: https://www.facebook.com/almotasharid

– رواية الديبة، نسخة رقمية تفاعلية، على الرابط: https://www.facebook.com/addeebah/

– روايــة فــي حضرتهم، نســخة رقميــة تفاعلية، علــى الرابــط: https://www.facebook.com/FiHadartihim/

– رابط نشر الرواية على موقع (تويتر) بحسابه الشخصي، على الرابط: https://twitter.com/tariq2121?lang=ar

– مدونة (الفن والأدب التفاعلي): د. حمزة قريرة، المسرحية على الرابط: https://www.litartint.com/2018/12/playnoglasseslifeis – betterPaintings.html

– ويكيبيديا: https://ar.wikipedia.org/wiki/%D8%AD%D9%86%D8%B8%D9%84%D8%A9

الفهرس